MUSÉE
DRAMATIQUE.

RECUEIL DE PIÈCES NOUVELLES

REPRÉSENTÉES SUR LES THÉATRES DE PARIS,

Ornées chacune d'une fort jolie vignette, et paraissant par livraisons à 20 centimes.

109-110me Livraisons.

L'AVOCAT LOUBET,

DRAME EN 3 ACTES.

PRIX : 40 CENTIMES.

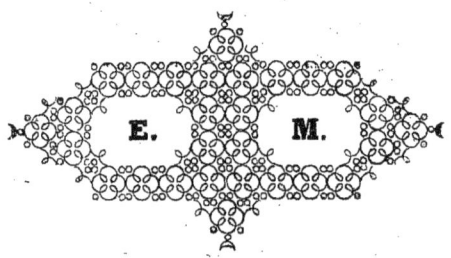

PARIS,
E. MICHAUD, ÉDITEUR, RUE D'ENFER-St.-MICHEL, 66.

DÉPOT CENTRAL,
RUE SAINT-DENIS, N° 309, AU PREMIER,
Vis-à-vis la rue du Ponceau.

PILOUT, rue de la Monnaie, 22.
L. MICHEL, rue Marie-Stuart, 6.
MENORET, rue de Bondy;
DUTERTRE, passage Bourg-l'Abbé.
HOVYN, galeries du Commerce.
LAISNÈ, galerie Véro-Dodat.

BARBA, Palais-Royal, gal. de Chartres.
LAVIGNE, passage de Lancre.
PAUL, galerie de l'Odéon, 42.
LELIÈVRE, faubourg St-Martin.
MORAIN, faubourg St-Martin, 43.
POURREAU, rue de la Harpe, 82.

1838.

ACT. II, SC. XII.

L'AVOCAT LOUBET,

DRAME EN TROIS ACTES,

par MM. E. Labiche, A. Lefranc et Marc-Michel,

Représenté pour la première fois, à Paris, le 28 août 1838, sur le théâtre du Panthéon.

PERSONNAGES.	ACTEURS.	PERSONNAGES.	ACTEURS.
JACQUES LOUBET, avocat.	MM. DUBOURJAL.	Mme DE PONTARLIER.	Mmes ABIT jeune.
NOLIS, jeune clerc de Loubet.	WILLIAM.	LOUISE, cousine de Loubet.	CLARISSE.
D'ENTRAGUES, président.	BRAUX.	MARGUERITE, gouvernante.	LASELVA.
DE BRISSAC, capitaine.	LANSOY.	UN HUISSIER.	
DE FONTBELLE, basochien.	KEPPLER.	DOMESTIQUES.	
HOMMES D'ARMES.		BASOCHIENS, HOMMES DU PEUPLE.	

L'action se passe à Aix en Provence, au commencement du XVIIe siècle.

ACTE I.

Le cabinet de maître Loubet. Porte au fond, ouvrant sur un corridor; portes latérales aux seconds plans; au premier plan à droite, une fenêtre, auprès de laquelle une petite table garnie, placée de face, recouverte d'un tapis; à gauche, au premier plan, un bureau adossé au mur, chargé de dossiers, cartons, etc.; une lampe sur chaque table; meubles gothiques, fauteuils et chaises recouverts de housses. A gauche, une pendule du temps; à droite de la porte du fond, une épée est suspendue au mur; à gauche, au fond, sur une chaise, le manteau et le chapeau de Loubet.

SCÈNE I.

LOUBET, assis devant son bureau, paraît absorbé dans ses réflexions; NOLIS, assis à la petite table de droite, s'agite sur sa chaise, et regarde à tout moment par la fenêtre.

NOLIS.

Nous allons avoir une belle fête, ce soir, maître Loubet; c'est aujourd'hui la Saint-Jean... Je veux perdre mon nom, si les bourgeois de la

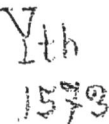

bonne ville d'Aix ferment l'œil de la nuit. Le régiment du Royal-Comtois quitte la ville demain, et, pour lui faire ses adieux, la basoche doit se réunir en masse devant l'hôtel de monsieur le Premier Président... Ah ! l'affaire sera chaude... il se brûlera plus de poudre dans cette petite guerre que pour une bataille sérieuse. (Loubet ne répond pas. Nolis se lève et regarde sur la place par la fenêtre.) Ah !.. voici déjà les basochiens qui occupent les degrés de l'hôtel de la Présidence... Il ne sera pas facile de les en déloger; ils ont de formidables munitions en pétards et fusées... Y viendrez-vous faire un tour, maître Loubet?

LOUBET.

Toutes vos sornettes m'ennuient, M. Nolis... sachez que je n'ai pas pris un clerc à gages, pour m'instruire de ce qui se fait et de ce qui se dit dans la rue...ce n'est pas à cette fenêtre, mais à cette table qu'est votre place. Vous avez la langue bavarde et la plume paresseuse : deux mauvaises qualités pour un clerc, César Nolis.

NOLIS.

Là, maître; pas de colère... on peut bien causer un moment, un jour comme celui-ci... je me tais, puisque vous le voulez; je ne tiens pas à parler, moi, d'abord... (A part.) Ces avocats, ils imposent silence à tout le monde; quand on parle, on dirait qu'on les vole... comme si la langue avait été inventée tout exprès pour eux seuls... Mais patience, je le deviendrai à mon tour, avocat, et alors !.. Eh bien, non ! je n'en serai pas plus bavard pour cela... je parlerai... certainement, je parlerai... mais je n'abuserai pas de mon diplôme... En attendant, écrivons... (Il pousse un soupir et essaie d'écrire.) Quelle encre ! c'est de l'eau claire...Bon ! ma plume est trop fendue mon canif! où est mon canif? Ah! le voilà... il coupe juste comme l'épée d'un juge au parlement. (Il casse sa plume avec impatience, et regarde la fenêtre avec envie.) Et les autres qui sont là!.. (Haut à Loubet.) Dites donc, maître, voilà qu'il fait nuit... si vous vouliez, j'irais reporter le dossier de la veuve Trumot.

LOUBET.

Non; j'ai encore quelques notes à y prendre... Nous avons le temps...

NOLIS.

Bien ! bien ! ça ne presse pas. (A part, regardant par la fenêtre.) Déjà plus de trois cents sur la place. (Haut.) La belle soirée, maître Loubet !

LOUBET.

Te tairas-tu, bavard impitoyable !

NOLIS.

Je vous gêne, peut-être... si vous voulez travailler seul, renvoyez-moi; oh ! mon Dieu, je ne suis pas susceptible.

LOUBET.

Je serai obligé d'en venir là, si tu n'arrêtes ta langue maudite.

NOLIS, à part.

Bon ! (Après un court silence.) A propos, savez-vous la grande nouvelle?

LOUBET, en colère.

César Nolis !

NOLIS.

La marquise de Pontarlier...

LOUBET, se levant, avec curiosité et s'approchant de Nolis.

La marquise de Pontarlier?.. que dites-vous?.. eh bien ! parlez donc... voyez s'il parlera.

NOLIS, à part.

Aie ! aie ! ça se gâte... je resterai, c'est sûr... (Regardant la fenêtre.) Ils sont au moins quatre cents, à présent.

LOUBET.

Voyons... je vous écoute.

NOLIS.

Eh bien ! le bruit court que, dimanche, la marquise de Pontarlier doit quêter elle-même à l'office, pour le rachat des captifs de Tunis... Une marquise, quêter ! tendre la main et faire la révérence aux manants !

LOUBET, exalté.

C'est beau, n'est-ce pas ?

NOLIS.

Très beau ! (A part, regardant la fenêtre.) Ils sont au moins cinq cents, maintenant.

LOUBET, avec feu.

C'est d'une âme noble et charitable!

NOLIS, distrait, regardant sur la place.

Assurément.

LOUBET.

D'un cœur pieux et saint!

NOLIS, à part.

Ah ça mais, qu'est-ce qu'il lui prend?... Est-ce que par hasard?... Oh! non... lui; un homme si sensé, si grave!

LOUBET, à lui-même.

Cette femme a toutes les vertus... Elle est belle comme la vierge... pure et chaste, comme elle... Beauté, grandeur, charité, noblesse, elle réunit tout!... C'est la perfection trouvée... — N'est-ce pas là l'opinion de toute la ville?... Voyons... dis-moi... que pense-t-on d'elle?... Tiens, assieds-toi là... Je me repens de t'avoir grondé tout-à-l'heure...(Il se rassied devant son bureau)

NOLIS, à part.

C'est lui qui veut me faire parler, à présent... On dirait que cette marquise lui tient au cœur... (Regardant la fenêtre) Oh! mon Dieu! l'attaque va commencer... Voici le Royal-Comtois, qui s'aligne... C'est le capitaine de Brissac qui commande... un de nos cliens.

LOUBET

Qu'as-tu donc à regarder toujours à cette fenêtre?

NOLIS

C'est que la basoche va avoir tout-à-l'heure un rude assaut à soutenir, et... j'en suis, moi, de la basoche... Si vous vouliez, maître!...

LOUBET

Eh bien!

NOLIS

Vous pourriez m'envoyer en course.

LOUBET, souriant.

Allons, va... et prends garde de te faire estropier.

NOLIS.

Oh! merci... merci... maître... (Il sort, en criant). Vive la basoche! vive la basoche!

SCENE II.

LOUBET, seul. Il essaie de lire ses dossiers.

Voyons... Travaillons, s'il est possible, (lisant) « Les hoirs Choppin, con-
« tre les hoirs Fouqueteau, pour une soulte de vingt livres..... » (Il les rejette brusquement sur son bureau) — Seigneur mon Dieu! quelles pensées!...
C'est folie de s'y abandonner! allons, travaille, pauvre avocat... Sèche ton cœur sur ces parchemins; use tes yeux devant cette lampe... fais ton métier. (Il prend un second dossier et lit) « Le sieur Girard assesseur, contre
« la commune de Nans, pour un abreuvoir. » (Il se lève, avec violence) Non! c'est impossible! le travail veut du calme...L'image de cette femme m'obsède, me poursuit sans relache... Quelle est belle!... pendant que tout le monde se réjouit dans cette ville, elle, pauvre veuve, pleure solitairement sur le corps de son époux mort d'hier... mort!... elle est libre?... — Que te fait cela, à toi, pauvre fou! sans rang, et sans nom!... une marquise! la fille d'un premier président! — Allons! travaille, maître Loubet! travaille, enfant de la roture! (Il s'assied à son bureau. Une courte pause) Une marquise!... tes yeux ne doivent pas voir.... ton cœur ne doit pas sentir... Elle est belle pour tous, mais ceux-ci seulement peuvent l'aimer; ceux-là point!... c'est une marquise!... — Dans quel abîme mes pensées vont-elles s'égarer? la passion me gouverne... J'oublie mes sermens, mes devoirs les plus sacrés... ceux de la famille. J'oublie deux orphelines confiées à ma garde. — L'une, Louise, est ma fiancée, et je la trompe... Quand mes yeux sont sur elle, ils mentent, car ma pensée est ailleurs... L'autre, sa sœur, la belle Loubette, comme ils l'appelaient... je l'ai laissée enlever... sous mes yeux... dans ma maison!... et depuis huit jours qu'elle est partie, je n'ai pas le moindre indice, sur le lieu de sa retraite... Je ne sais pas même le nom de son amant... (Il se lève) Malheur à lui! si c'est un noble!... ah! messieurs.... vous nous defendez de prétendre à vos femmes, et vous

venez prendre les nôtres!... puisque vous ne souffrez pas de degrés pour monter jusqu'à vous, il ne doit pas y en avoir pour descendre jusqu'à nous! chacun dans sa région... c'est justice!... (Il se rassied accablé devant son bureau) Oh! l'amour est un don de l'enfer... c'est le poison du bien, le piège du devoir... (Réfléchissant) Que cette marquise est belle!

SCENE III.
LOUBET, LOUISE.

LOUISE, entr'ouvrant la porte de droite; timidement à maître Loubet.

Cousin Jacques!

LOUBET.

Ah! c'est toi, Louise?

LOUISE.

Vous ne travaillez pas?.. peut-on venir?

LOUBET.

Que de précautions, bon Dieu !.. parce que je t'ai grondée hier de m'avoir dérangé.

LOUISE, toujours à la porte.

On peut?

LOUBET.

Certainement... Ne vois-tu pas que je suis seul.

LOUISE.

Quel bonheur!.. (Elle prend son métier à tapisserie laissé derrière la porte.) Je l'avais laissé derrière la porte, parce que je voulais vous demander avant si je pouvais...(Elle s'assied au milieu de la scène et travaille. Loubet la regarde avec attendrissement.) Du reste, cousin, vous pouvez travailler; je ne dirai rien... C'est seulement pour être à côté de vous.

LOUBET.

Tu m'aimes donc bien, Louise? (Louise fait un oui de tête. — Tristement, à part.) Elle m'aime!

LOUISE.

C'est toujours la même question... Est-ce que je vous le demande, moi?

LOUBET.

Oui, Louise... j'ai tort d'en douter... Laisse-moi travailler.

LOUISE.

Mais c'est vous qui me parlez...

(Une pause; Loubet feuillette des papiers; de temps en temps Louise le regarde avec tendresse.)

LOUBET.

A propos, Louise...

LOUISE.

Ah!.. c'est vous qui me dérangez.

LOUBET.

Un mot seulement.

LOUISE, se rapprochant un peu.

Oh! dix, si vous voulez... Je ne me fâche pas, moi.

LOUBET.

Madame la marquise de Pontarlier quête dimanche, en grand deuil, à l'église des Dominicains... Nous irons... C'est une bonne œuvre.

LOUISE.

Oui, cousin... C'est une sainte femme que madame la marquise de Pontarlier... On vante sa piété dans toute la ville... Puisse le Seigneur lui en tenir compte, un jour!

LOUBET, avec intérêt.

On parle d'elle dans la ville... Tu travailles, trop, Louise; voyons cela, et causons un peu... Que dit-on de madame la marquise?

LOUISE.

On dit qu'elle est bonne... On la cite comme un modèle de charité, et sa vertu est si respectable, que les hommes oublient qu'elle est belle et que les femmes en conviennent.

LOUBET, se levant et venant s'appuyer sur le dos de la chaise de Louise.

Tu parles bien, Louise... je t'aime ainsi... Et... que dit-on encore?

LOUISE.

On ajoute que sa chasteté comme épouse, égale sa charité comme chré-

tienne... et que la mort de son mari est une grande épreuve de douleur pour elle.
LOUBET, avec émotion.
Sa douleur est donc bien grande?
LOUISE.
Oh! oui... on dit qu'elle ne veut voir personne... Elle s'est enfermée dans son oratoire, pour pleurer seule. Elle refuse toute consolation... M. le marquis était si bon, si noble!
LOUBET, marchant avec agitation.
Elle pleure... elle l'aimait!..* (Louise se lève, le regarde avec surprise.) Eh bien! Louise, vous ne travaillez plus?
LOUISE.
Qu'avez-vous donc, cousin?.. vous êtes agité...
LOUBET.
Ce n'est rien, ma bonne Louise... Où est donc Marguerite, notre vieille gouvernante, notre vieille amie?
LOUISE, avec embarras.
Elle est... elle est sortie.
LOUBET.
Quelle imprudence! un jour comme celui-ci, les rues ne sont pas sûres. (On entend au-dehors des cris de joie, un grand tumulte, quelques éclats de pétards. —Loubet s'approche de la fenêtre.) Quel sot divertissement! Voici les consuls qui mettent le feu à l'arbre de Saint-Jean... La petite guerre va commencer; dans un quart-d'heure, les rues n'appartiendront plus au public... Sortir seule! à son âge!.. Une femme!.. Quelle nécessité l'appelait dehors, à cette heure? (Louise baisse la tête et ne répond pas.) Le sais-tu, Louise?
LOUISE.
Oui ; mais Marguerite m'a bien défendu de vous le dire.
LOUBET.
Qu'est-ce donc?
LOUISE, tristement.
Vous ne voulez plus qu'on vous en parle... Elle est sortie pour chercher des renseignemens sur...
LOUBET.
Sur ta sœur... la belle Loubette?.. Il vaudrait mieux qu'elle fût morte, Louise! car Dieu garde une mauvaise fin aux débauchées.
LOUISE.
Vous avez l'âme bien dure pour ma pauvre sœur, cousin Jacques.
LOUBET.
Allons, allons, Louise, c'est assez pleurer pour cette malheureuse fille... que Dieu lui soit en aide! nous ne pouvons plus rien pour elle.
LOUISE.
Ma pauvre sœur! qui sait où elle est allée?..qui sait si elle ne se trouve pas bien à plaindre?.. Si nous pouvions avoir seulement de ses nouvelles!
LOUBET, sévèrement.
Elle est comme morte pour nous...elle a quitté notre maison, étant majeure, nous ne pouvions la retenir malgré elle...que Dieu la conduise et la sauve! c'est un bien malheureux don que la beauté du visage, ma chère Louise! quand elle exclut l'amour du devoir et l'horreur du péché.
LOUISE.
Pauvre sœur!
LOUBET.
N'en parlons plus! Il faut que le nom de Catherine Loubet s'oublie dans cette maison... il faut que dès à présent, Louise, tu penses n'avoir jamais eu de sœur... promets-le, cousine.
LOUISE.
Je promets de ne m'en souvenir que dans mes prières.
(Le tumulte du dehors s'approche de la maison; on entend des cris, des huées, et plusieurs explosions de serpenteaux et de fusillades. Le marteau de la porte de la rue résonne violemment.)
LOUISE, effrayée.
Qu'y a-t-il donc, seigneur !.. N'ouvrez pas, cousin Loubet!

* Louise, Loubet.

LOUBET, prenant vivement la lampe placée sur la table à droite.

C'est la vieille Marguerite... Je crains quelque malheur !
(Il sort par la porte du fond pour aller ouvrir celle de la rue.)

LOUISE, seule.

Je ne sais pourquoi... mais ce bruit... j'ai peur !..

LOUBET, paraissant à la porte du fond, le visage altéré.

Louise, retire-toi ! laisse-moi seul... (Louise va pour sortir par la porte du fond, il lui indique vivement celle de droite.) Non, par là.

SCENE IV.
LA MARQUISE, LOUBET.

(La marquise entre enveloppée dans une ample mante noire à capuchon.)

LOUBET.

Par ici, madame, ne craignez rien.

LA MARQUISE.

Sommes-nous seuls, maître Loubet?.. Il faut que personne ne me voie dans cette maison.

LOUBET.

Nous sommes seuls... (La marquise rejette son capuchon, son visage est pâle et plein de terreur ; son bras droit est nu et l'autre couvert d'une mitaine noire.) J'avais reconnu madame la marquise de Pontarlier...

LA MARQUISE, accablée.

Une siége, maître Loubet... je suis morte !

LOUBET, faisant asseoir la marquise dans le fauteuil.

Voulez-vous que j'appelle, madame ?

LA MARQUISE, le retenant vivement.

Non, je vous le défends... je vous en prie.

LOUBET.

Je n'en reviens pas... vous, madame la marquise !.. à cette heure... seule !.. seigneur mon Dieu ! que se passe-t-il donc chez monsieur le premier président ?

LA MARQUISE.

Rien... rien... je vous dirai pourquoi je suis sortie... c'est une imprudence... cela ne m'arrivera plus... Heureusement, je me suis trouvée devant votre maison... Des insolents me poursuivaient... m'insultaient... mais ils ne m'ont pas reconnue... c'est impossible... sous ce costume, toutes les femmes se ressemblent... et, vous-même, maître Loubet?..

LOUBET.

Mon étonnement a été extrême en entendant votre voix...

LA MARQUISE, avec joie.

Ah ! c'est ma voix... ma voix seule qui m'a trahie... elle seule, n'est-ce pas ?

LOUBET.

Oh ! madame... comment avez-vous pu sortir par une telle soirée.

LA MARQUISE, d'un ton bref et rapide.

J'avais oublié que c'était le soir de la Saint-Jean... Après le malheur qui m'est arrivé... mon mari mort... j'ai voulu voir ma sœur... A la tombée de la nuit, je suis sortie par la petite porte du jardin, sans avertir personne... voici la clé... on me croit enfermée dans mon oratoire... j'ai passé une heure à la Visitation... Je ne suis allée que là... je ne suis allée que là, maître Loubet... Et, c'est en rentrant... j'ai été rencontrée... on a voulu me faire peur...

LOUBET.

Monsieur le président fera punir ces insolens !

LA MARQUISE, se levant vivement.

Non, non !.. y pensez-vous, maître Loubet ! mais je serais perdue, si l'on savait que je suis sortie ce soir... Mon père, M. d'Entragues, ne me le pardonnerait jamais... songez donc... mon mari mort hier, le corps dans l'hôtel encore... et moi sortie un jour de fête !.. oh ! mon Dieu ! mon Dieu ! Et maintenant, comment rentrer ?..

(La marquise joint les mains avec épouvante.)

LOUBET, vivement.

Ah ! ciel ! madame, il y a du sang sur votre bras ! (La marquise ramène vivement sa mante sur ses bras, et passe à droite.*) Vous êtes blessée ! blessée au bras, madame !

* Loubet, la marquise.

LA MARQUISE.

Ce n'est rien... je... je suis tombée en voulant fuir ces hommes, laissez. (Loubet s'approche.) Laissez donc, maître Loubet... je suis bien, très bien! je ne me sens point de mal! (Elle déchire sa mitaine avec horreur et la jette à terre près de la table de Nolis.) Ce sang me fait peur... Loubet, on étouffe ici, le cœur me manque... (Loubet la voyant chanceler, s'approche pour la recevoir dans ses bras, elle le repousse avec épouvante.) Ce n'est rien, vous dis-je! une égratignure! n'en prenez point de souci.

LOUBET.

Madame la marquise, dites-moi le nom du lâche qui a osé porter la main sur vous!

(L'horloge sonne en ce moment. La marquise compte les heures en frissonnant.)

LA MARQUISE.

Neuf heures! il faut que je rentre, il le faut! (Elle s'approche de la fenêtre.) Comment traverser la place, sous ce feu?... Ce n'est pas le feu qui m'épouvante, c'est la lumière... Peu m'importe d'être brûlée... mais si l'on venait à me reconnaître ainsi, avec ce sang, qui est le mien, maître Loubet!.. car je suis blessée au bras... vous l'avez dit... vous l'avez vu!

LOUBET, à part.

Ayez pitié d'elle, mon Dieu! (Le tumulte se fait entendre.) Quelle horrible nuit!

LA MARQUISE.

Emmenez-moi... sauvez-moi, Loubet... Ces voix me poursuivent!

LOUBET.

Impossible, madame... les basochiens et les royal-comtois seront là jusqu'au jour...

LA MARQUISE.

Je ne puis attendre le jour... vous ne le voyez donc pas... oh! je donnerais ma fortune, tout ce que je possède, pour être maintenant dans mon oratoire. Attendre le jour! je n'aurais pas la force de vivre jusque-là... et puis, il ne faut pas qu'on me voie...je vous l'ai dit...Il n'y a que cette place à traverser, pour gagner la porte du jardin de l'hôtel... mais comment?..

(La marquise marche avec agitation.)

LOUBET.

Du calme, madame la marquise... renoncez à ce projet... il est impraticable... attendez le jour!

LA MARQUISE.

Impossible! impossible!

LOUBET.

On nous verrait infailliblement traverser cette place... nous serions assaillis, poursuivis... je ne pourrais vous défendre... seul contre tous.

LA MARQUISE, inspirée.

Maître Loubet, voulez-vous me sauver?

LOUBET.

Si vos jours étaient en danger, madame, je donnerais ma vie pour sauver une heure de la vôtre.

LA MARQUISE, prenant la main de Loubet et descendant la scène avec lui.

Alors, écoutez-moi... Si quelqu'un autre que vous, fût-ce même le premier président, qui est mon père, venait à savoir que j'ai quitté mon hôtel, aujourd'hui, soir de la Saint-Jean, je me tuerais. (Loubet fait un mouvement.) Oui! je me tuerais, maître Loubet! voilà pourquoi je veux rentrer avant le jour... pourquoi je veux rentrer sans être vue... et maintenant, vous qui, tout-à-l'heure, m'offriez votre vie tout entière, pour sauver une heure de la mienne... voulez-vous me donner un quart-d'heure, le temps de traverser cette place?.. parlez.

LOUBET, avec étonnement.

Je vous obéirai, madame.

LA MARQUISE.

Vous êtes homme d'honneur, maître Loubet...jurez-moi sur l'honneur, de ne divulguer à personne, pas même en confession, la visite que vous avez reçue de la marquise de Pontarlier.

LOUBET, de même.

Je le jure sur l'honneur.

LA MARQUISE.

Bien! maintenant, prenez votre manteau et emportez-moi. (Loubet prend son manteau et revient près de la marquise.) Encore un mot, maître Loubet... votre épée ?

LOUBET, décrochant son épée.

La voici.

LA MARQUISE.

Si dans la foule quelqu'un veut par violence écarter votre manteau, tuez-le !.. s'il y parvient, s'il me voit, tuez-moi !

LOUBET, fesant un mouvement comme pour rejeter son épée.

Vous ! oh ! jamais, madame !

LA MARQUISE, saisissant l'épée.

Donnez donc, alors... car moi, j'aurai plus de courage qu'un homme... (Cris et explosion de serpenteaux.) Partons, maître Loubet, partons !
(Loubet et la marquise sortent par la porte de gauche. Au même instant, Nolis entre par le fond.)

SCÈNE V.

NOLIS, seul, les deux mains sur les yeux.

Holà ! là ! là ! je suis mort ! aie ! aie ! j'ai tout reçu dans l'œil, maître Loubet, tout le royal-comtois dans l'œil ! aie ! aie ! holà ! holà ! Figurez-vous, maître Loubet, je rentrais bien tranquillement, ne pensant à rien... oh ! l'œil ! l'œil !.. Je venais de faire une course pour l'étude... vous riez, maître Loubet ? c'est pourtant vrai ! je tenais le loquet de la porte, quand tout à coup, un pétard... patatra, tra, trrra... (Il ôte ses mains.) Tiens ! il n'y a personne... ce n'était pas la peine, alors... cherchez donc des prétextes honnêtes !.. Bien sûr, cependant, il est entré une femme ici ; nous l'avons poursuivie jusqu'à la porte... (Il regarde partout.) Disparue !.. ah ! bien oui ! mais ça ne peut pas se passer comme ça... je saurai qui... oui, je saurai qui... Ah ! maître Loubet reçoit des femmes chez lui et je n'en sais rien !.. moi, son premier clerc ! je dirai même son seul clerc ! Au fait, qu'est-ce que ça me fait, qu'une femme soit entrée ici ? ce n'est pas pour moi... oh ! non, ce n'est pas probable... je ne donne pas dans ce travers... Comment, ce que ça te fait ? est-ce que tu ne dois pas savoir le nom de ceux qui entrent ? pourquoi ils viennent ? ce qu'ils disent, ce qu'ils ne disent pas ? mais c'est ton état ! tu es premier clerc ! il faut gagner tes appointemens, mon ami... et puis, je suis discret, très discret... Ça ! je n'en parlerai qu'à Etienne Mantou... c'est mon ami !.. Oui, mais le gaillard est un peu causeur ; il pourrait en toucher quelques mots au petit Jahan... oh ! c'est son ami ; il n'y a pas grand mal à ça... Après tout, ça ne sortira pas de la basoche. (Remontant la scène.) Ah ça ! voyons... procédons à l'état des lieux... voici trois portes... la première... (Il montre la porte du fond.) Elle n'a pu sortir par celle-ci, pour deux raisons... d'abord, parce que je suis entré par là et que nous nous serions rencontrés... ensuite, parce que de la place, j'ai toujours eu l'œil dessus et que je n'ai vu sortir personne... ainsi, première porte, acquittée ! — La seconde... (Il se place devant la porte par où Loubet est sorti.) Ce n'est pas encore par celle-là... la raison, la voici... si cette femme entre par cette porte... (Il montre celle du fond.) pour fuir la poudre et la basoche, il est clair qu'elle ne sortira pas immédiatement par cette autre qui conduit par un corridor sur cette même place où se trouvent encore la basoche et la poudre... ainsi, seconde porte, acquittée ! — Troisième porte... (Il montre celle de droite.) Sur celle-ci planent tous mes soupçons... en effet, puisque cette femme n'est sortie, ni par celle-ci, ni par celle-là, et qu'elle n'est point ici, il est clair qu'elle est là. (S'adressant à la porte.) Voyons, qu'as-tu à répondre à cela ?.. Rien ? Troisième porte, condamnée ! — Ah ! très bien ! maintenant que j'ai trouvé le terrier, plaçons-nous à l'affut... je m'installe ici et je n'en bouge pas.
(Il s'assied en face de la porte de droite.)

SCÈNE VI.

LOUBET, NOLIS.

LOUBET, entrant par la gauche, à part.

Sauvée ! merci, mon Dieu ! (Il dépose son chapeau, son épée et son manteau.)

NOLIS, retournant brusquement sa chaise.

Hein ?

LOUBET.
Que faites-vous là, César Nolis?
NOLIS, effrayé.
Moi... rien, maître, rien de mal... je travaille comme vous voyez...
LOUBET.
Il y paraît. Allons, levez-vous. (Nolis se lève.) Quel motif vous ramène? vous abandonnez vos frères de la basoche à l'instant décisif? vous quittez le champ de bataille?..Je ne vous savais pas poltron, César Nolis.
(Il s'assied devant son bureau.)
NOLIS.
Poltron! (A part.) Ah! je vois la chose... il veut m'éloigner... la belle est encore ici.
LOUBET.
Vous pouvez retourner; je n'ai que faire de vos services à cette heure.
NOLIS, s'approchant de Loubet.
Ma foi! maître Loubet, je ne m'en soucie pas... non, franchement! ces jeux ne sont plus de mon âge... l'étude convient seule à la gravité d'un magistrat.
LOUBET, souriant.
D'un magistrat?
NOLIS.
Ne suis-je pas le nourrisson de Thémis?
LOUBET.
Le nourrisson ne fait pas honneur à la nourrice.
NOLIS.
Voilà justement pourquoi, maître... je veux me ranger pour vous faire honneur... je m'installe à cette table... (Il montre sa petite table.) et j'y reste immobile comme cette porte. (Il montre celle de droite, à part.) Tant qu'elle ne s'ouvrira pas, entendons-nous. (Il s'assied; haut, d'un air fin.) A moins, cependant, maître Loubet, que vous n'attendiez quelqu'un.
LOUBET.
Moi? je n'attends personne.
NOLIS, avec intention.
Oh! c'est que quelquefois, sans attendre, il vous arrive des visites imprévues... des clientes voilées...
LOUBET, sévèrement.
Votre langue est celle d'une vipère, M. Nolis; chacune de vos paroles, porte son venin.
NOLIS, il se lève; se place derrière sa chaise, et s'appuie sur le dossier comme sur une tribune.
Permettez, maître... j'ai dit : quelquefois... quelquefois!.. je n'ai pas affirmé; je sais que vous aimez trop Mlle Louise, pour recevoir des dames, la nuit... je vous ai même défendu tout-à-l'heure, sur la place. (Imitant le ton des avocats.) Non, messieurs... ai-je dit aux basochiens... cette dame enveloppée d'une mante noire et qui vient de traverser le feu de votre artillerie, n'est pas entrée chez maître Loubet... je connais trop maître Loubet, pour le supposer capable d'une pareille trahison!..
LOUBET.
Vous avez dit la vérité, car personne n'est venu.
NOLIS, de même.
Oui... mais, objectèrent les basochiens... comment se fait-il que cette femme se soit évanouie, tout-à-coup, à la porte de maître Loubet, comme une ombre?.. ce sont toujours les basochiens qui parlent, car vous sentez bien que moi... en supposant que cela soit vrai...
LOUBET, avec colère.
César Nolis!..
NOLIS.
Non! non! je sais bien que c'est faux, archi-faux!.. parbleu! tous les jours, quand il fait nuit, dans l'ombre, on croit qu'une femme entre quelque part, et pas du tout... c'est ailleurs...Les femmes, ça se glisse le long des murs... Cependant nous la suivions de près.
LOUBET, se levant et marchant vers Nolis.
Misérable!.. c'est donc toi, qui la poursuivais?..
NOLIS, vivement.
Qui ça?.. il est donc venu quelqu'un?..

LOUBET, se contenant.

Est-il nécessaire de connaître une personne, pour la défendre contre les insultes de clercs, et de laquais en débauche, surtout, si, comme vous venez de le dire, cette personne est une femme?.. mais c'est le devoir de tout homme de bien, d'écarter ces insolens, et de les châtier avec l'épée; et bien que je ne connaisse pas cette femme, si je m'étais trouvé dans la mêlée, je jure Dieu! que pas un de vous n'eût osé l'approcher à distance de ma lame... Je le répète... je ne sais qui elle est... je ne l'ai jamais vue... cela doit suffire, ne me rompez pas davantage la tête avec vos questions.
(Il s'assied.)

NOLIS, à part, sur le devant de la scène.

Décidément, je ne saurai rien de lui... mais, patience! la porte va parler tout-à-l'heure. (Il s'achemine nonchalamment vers son bureau, et aperçoit à terre, la mitaine de la marquise, il la ramasse furtivement.) Oh!.. (La montrant au public.) Croyez donc maintenant à la parole des avocats! (Contrefaisant Loubet.) Je ne l'ai jamais vue... je ne sais qui elle est... en voilà, une pièce de conviction... (Avec terreur.) Oh! mon Dieu! du sang.

LOUBET, se dressant devant son bureau.

Du sang!
(Il court à Nolis.)

NOLIS, effrayé, lui montrant la mitaine.

Oui... là... maître Loubet... je l'ai trouvée... Dieu m'est témoin que je ne la cherchais pas.

LOUBET, lui arrachant la mitaine, et la cachant vivement dans son pourpoint.

Et maintenant, silence sur votre vie, César Nolis... je vous dirai tout! ce sang, est celui de Louise...elle est sortie aujourd'hui sans mon consentement... pour aller voir sa tante à la Visitation, près du pavillon de M. de Brissac... vous savez... ce petit pavillon... et en revenant, vos cris lui ont fait peur, elle s'est blessée au bras, elle sera tombée... c'est elle que vous avez poursuivie... cette mitaine est la sienne, mais surtout, silence, après la fuite de la belle Loubette, si l'on venait à apprendre que Louise, ma fiancée, sort seule, le soir... le scandale... vous comprenez... (On entend des voix au fond.) On vient... silence! silence! (Nolis se place à sa table.)

SCENE VII.
LOUBET, DE BRISSAC, DE FONTBELLE, NOLIS.

LOUBET.

C'est vous, M. de Brissac, à cette heure... en compagnie de messire de Fontbelle?

DE BRISSAC.

Nous-mêmes, maître Loubet... encore noirs de poudre... la basoche se souviendra des officiers du Royal-Comtois...et particulièrement de votre serviteur... Quelle défaite!

NOLIS, raillant.

Oh!..

DE BRISSAC, se retournant.

Hein?.. c'est le clerc qui a parlé...

NOLIS.

Je n'ai pas parlé... j'ai dit : oh!

DE BRISSAC.

Eh bien! oh! oh! qu'est-ce que cela veut dire?

NOLIS.

Ça veut dire oh!

DE BRISSAC.

Hum!.. drôle!..

NOLIS, se levant.

Drôle!.. eh bien, oui, j'ai dit : oh!.. je ne m'en dédis pas. (Se drapant.) Prenez-le comme vous voudrez. (A part.) C'est vrai, ça... je ne peux pas le souffrir, ce grand fat d'officier-là. (Il se rassied.)

DE BRISSAC.

Je crois qu'il raisonne!

DE FONTBELLE.

Allons! Brissac, ne vas-tu pas te fâcher?.. tu ne vois donc pas que c'est une victime de la journée, un vaincu... il faut de la clémence, que diable!

LOUBET, qui pendant cette altercation a feuilleté des papiers à son bureau.
Pardon, messieurs, mais il est tard, que puis-je pour votre service?..

DE BRISSAC.
Voici, maître Loubet : comme le régiment quitte, cette nuit, la ville... pour occuper le comtat Vénaissin, je veux, avant de partir, payer mes dettes, toutes mes dettes...

NOLIS, moqueur.
Ah!..

DE BRISSAC, se retournant.
Encore?.. que veut dire ce ah?..

NOLIS, outré.
Ce ah!.. veut dire : ah!.. comme tout-à-l'heure, oh!..voulait dire : oh!.. c'est vrai, ça... bientôt on ne pourra plus dire ni : ah! ni: oh!..tant qu'on n'aura pas supprimé l'alphabet, par ordre du Roi, je dirai : ah!.. ah!.. oh!.. oh!.. et ça, tant qu'il me plaira... ah mais!.. (A part, content de lui.) Un magistrat doit montrer du caractère.

DE BRISSAC.
Je vous frotterai les oreilles, monsieur le clerc.

NOLIS, se levant.
Vous?..

LOUBET.
Allons, messieurs... Nolis, taisez-vous, je vous l'ordonne...
(Nolis se rassied.)

DE BRISSAC, jetant un coup d'œil dédaigneux à Nolis.
Euh!..

NOLIS, l'imitant.
Euh!..

DE BRISSAC.
Je vous disais donc, maître Loubet!.. quand cet impertinent est venu nous interrompre. (Nolis hausse les épaules.) Que je voulais payer mes dettes, avant de quitter cette ville.

LOUBET.
Cette résolution est celle d'un homme de bien.

DE BRISSAC.
De bien!.. de bien!.. dites de bonne volonté, vous risquerez moins de vous tromper... car, des biens, je ne suis pas sûr d'en avoir encore. Pour moi l'argent est rond, mais rond, dans toute la force du terme : c'est plaisir de le voir rouler, tant qu'il roule, car après...enfin ce n'est pas de cela qu'il s'agit.

NOLIS, à part.
Bavard!

LOUBET.
Si vous voulez me donner l'état vos dettes.

DE BRISSAC.
L'état de mes dettes?.. ce n'est pas là ce qui m'inquiète, soyez tranquille... mes créanciers y ont songé pour moi.. c'est l'état de mes biens que je demande.

NOLIS, bas.
Cette liste-là ne sera pas la plus longue.

LOUBET.
Mais permettez, M. de Brissac... si j'ai bonne mémoire, il ne vous reste plus que ce pavillon.

DE BRISSAC, vivement.
Oui, je sais. Là, voyez! au moment où je veux me ranger, un bon mouvement me prend pour la première fois, je veux payer mes dettes... eh bien! non, je suis ruiné, c'est comme un sort! Ma foi, messieurs mes créanciers, où il n'y a rien, le roi perd ses droits... vous êtes payés.

NOLIS, à part.
C'est commode! Allez mes petits marchands, dotez vos filles avec ça... vous êtes payés, ce n'est pas long, mais c'est bien.

LOUBET.
Au reste, M. de Brissac, je puis m'être trompé... peut-être vous reste-t-il encore quelques petites terres, les titres et contrats de vente sont dans cette chambre... je ne vous demande que deux minutes.

DE BRISSAC, à Loubet, qui sort par la droite.

Dépêchons-nous, maître Loubet, je n'ai que peu de temps à donner à ces petites affaires. (Bas à de Fontbelle.) Mon rendez-vous qui est pour dix heures! Je pardonne bien à mes créanciers l'argent que je leur dois... mais un rendez-vous manqué, un rendez-vous de femme! voilà ce qu'un galant homme ne pardonne jamais.

SCÈNE VIII.

DE BRISSAC, DE FONTBELLE, NOLIS.

(De Brissac s'étend dans le fauteuil de Loubet; de Fontbelle s'appuie sur le dos du fauteuil; Nolis de l'autre côté de la scène, écrit toujours sur la petite table.)

DE BRISSAC, à de Fontbelle, à demi-voix toute la scène.

Mon homme ne se doute de rien.

DE FONTBELLE, de même.

Cache bien ta belle à tous les yeux... car ce diable d'avocat ne badine pas.

DE BRISSAC.

Bah! après tout, je n'ai jamais refusé un coup d'épée à personne, pas même à un avocat.

DE FONTBELLE.

Tu ne sais donc pas, de Brissac, que les avocats ne ripostent à un coup d'épée que par un procès. Les édits sur le duel sont très-sévères, la France n'est plus habitable, on ne peut plus se battre que de l'autre côté de la Durance, sur les terres papales.

DE BRISSAC.

Grand homme, que le pape!.. à la bonne heure!.. en voilà un qui comprend que des chrétiens peuvent avoir besoin de se couper la gorge! Dis donc, une idée... si je soldais mes créanciers sur les terres papales?..

DE FONTBELLE, riant.

Oui, en acier, (Il fait le geste de percer quelqu'un.) et devant témoin. (Tous deux rient; de Fontbelle reprend d'un ton sérieux.) Décidément, tu veux emmener cette petite fille? je ne sais, mais j'ai le pressentiment que cette intrigue te portera malheur.

DE BRISSAC.

Tu as lu son billet... c'est elle qui demande à me suivre... elle ne peut vivre sans moi.

DE FONTBELLE.

A ta place, je le répète... je ne l'emmènerais pas... Parbleu, tu trouveras assez de femmes sur les terres du pape.

DE BRISSAC, gravement.

Nous en trouvons partout, cadet de Fontbelle!

DE FONTBELLE.

Mais tu l'aimes donc beaucoup?

DE BRISSAC.

Beaucoup?.. non... c'est trop... mais je l'aime... là... militairement.

DE FONTBELLE.

Tiens! Brissac, tu joues l'indifférence. Mais quoi que tu en dises, je parie que tu sacrifierais à la petite bourgeoise, jusqu'aux bontés de certaine grande dame.

DE BRISSAC.

Ça... je ne m'en défends pas... j'aime les petites bourgeoises, moi... Et puis, cette grande dame me fait peur...

DE FONTBELLE.

Peur?.. une femme?.. à un homme comme toi?..

DE BRISSAC.

Oui, la grande dame me fait peur... elle m'aime trop... (Se levant.) Ah ça! ce damné procureur ne revient pas *.. Il va nous faire rester là jusqu'au jour... (A Nolis.) Dites donc... le petit clerc... eh!.. vous faites le sourd?.. Il faut que je lui donne une correction en attendant Loubet.

(Il marche vers Nolis.)

DE FONTBELLE, le retenant.

Allons, Brissac...

* De Fontbelle, de Brissac, Nolis.

NOLIS, se levant et prenant une pose majestueuse.

Capitaine! je suis dans l'exercice de mes fonctions... je vous en préviens... la loi me déclare inviolable!..

(De Brissac et de Fontbelle éclatent de rire. Nolis se rassied en voyant venir Loubet.)

SCÈNE IX.
DE FONTBELLE, LOUBET, DE BRISSAC, NOLIS.

LOUBET, rentrant avec des dossiers.

Mille pardons, capitaine... j'ai été un peu long... mais il m'a fallu compulser tous ces titres.

DE BRISSAC.

Eh bien! que me reste-t-il? suis-je riche, ou pauvre?

LOUBET.

Je ne m'étais pas trompé; il ne vous reste plus que le pavillon... vous avez dépensé cent mille écus en deux ans.

DE BRISSAC.

En deux ans... eh bien! c'est raisonnable.

NOLIS, familièrement.

Oui... en deux ans... c'est raisonnable... c'est gentil!

DE BRISSAC.

Qui vous parle, à vous?

NOLIS.

Je me parle à moi-même.

DE BRISSAC.

A la bonne heure. (A Loubet.) Et ce pavillon, combien vaut-il?

LOUBET.

Mille écus, environ.

DE BRISSAC.

Avec le jardin?

NOLIS, à demi-voix.

Un beau jardin!.. grand comme cette chambre... et plein d'herbes.

DE BRISSAC, à Loubet.

Il y a des arbres fruitiers.

NOLIS, haut.

Qui ne donnent pas de fruits.

DE BRISSAC, en colère, à Nolis.

Vous tairez-vous, à la fin?

NOLIS, froidement.

Je me parle à moi-même.

DE BRISSAC, à Loubet.

Allons... mille écus, soit!.. j'abandonne tout à mes créanciers... finissons-en... (Il tire de sa poche un portefeuille qu'il présente à Loubet.) Vous trouverez, dans ce portefeuille, le total de mes dettes... vous verrez qu'elles sont toutes de première nécessité... comme équipement, fournitures militaires et cœtera. (De Brissac et de Fontbelle remontent la scène.)

LOUBET, donnant le portefeuille à Nolis et revenant se placer à son bureau.

Lisez à haute voix... je vais additionner à mesure, à ce bureau *.

NOLIS, lisant.

« Mémoire des sieurs Rimbaut : Fourni à M. de Brissac huit mantilles » noires, de femme, avec franges dorées... huit cents livres... » (A part.) Voilà déjà un tiers du pavillon consommé. (Haut.) Seconde fourniture militaire : (Lisant.) « Boucles d'oreilles, collier et bracelets... cent cinquante » écus. » Troisième fourniture militaire... ah! ça, c'est pour l'équipement... « Deux douzaines de robes, avec dessins et grands ramages... Dix- » huit cent quatorze livres... »

DE FONTBELLE.

Ah ça! mon cher, tu as donc habillé toute la ville?

DE BRISSAC.

Que veux-tu? il faut bien faire les choses, ou ne pas s'en mêler.

NOLIS, à part.

Oui, gouaille, va... si tu comptes sur tes arbres fruitiers pour payer... (Au moment où il va reprendre la lecture, il s'écrie, à part.) Qu'est-ce que c'est que ça?

* Loubet, de Fontbelle, de Brissac, Nolis.

LOUBET.
Eh bien! Nolis.
NOLIS, avec embarras.
Voici, maître... voici... c'est que... (A part.) Un rendez-vous?.. la belle Loubette!..
LOUBET.
Je vous attends.
NOLIS, il cache précipitamment un billet dans sa poche, et lit très vite ce qui suit.
« Quinze camisolles, vingt écus... coiffes de nuit... rideaux... couvre-pieds... »
DE BRISSAC, l'interrompant, prenant les papiers des mains de Nolis et les donnant à Loubet.
Vous voyez, maître Loubet... toutes choses de première nécessité... (Il regarde la pendule.) Dix heures!.. il faut que je vous quitte... arrangez tout pour le mieux... vendez le pavillon, le reste sera pour M. Nolis... viens, de Fontbelle.
NOLIS, avec intention.
Et la clé du pavillon, capitaine?
DE BRISSAC.
Je vous l'enverrai demain... (A part.) Pas ce soir, diable!.. et mon rendez-vous. (Haut.) Adieu, maître Loubet.
LOUBET.
Bon voyage, capitaine.
(Il les reconduit jusqu'à la porte du fond, pendant que Nolis parcourt la scène en se frottant les mains.)

SCÈNE X.
NOLIS, LOUBET, puis MARGUERITE.

NOLIS.
Ah! mon petit officier... on vous en donnera des filles de bourgeois... ah! ah! nous allons avoir du nouveau.
LOUBET, revenant.
Qu'as-tu donc, Nolis?
NOLIS.
Oh! j'ai... j'ai... enfin... j'ai!..
(Marguerite entre; Loubet va vivement au-devant d'elle.)
LOUBET.
C'est toi, ma bonne Marguerite? eh bien! que sais-tu *?
MARGUERITE.
Rien!.. personne ne l'a vue.
LOUBET.
T'exposer ainsi... le soir... et pour qui!..
MARGUERITE.
Il faut bien que ce soit moi, puisque personne ne s'en occupe.
LOUBET.
Elle-même, pense-t-elle à nous?.. avons-nous reçu un seul mot d'elle depuis sa fuite?.. nous ignorons jusqu'au nom de son ravisseur... oh! qu'il se cache bien, lui!
NOLIS, se plaçant tout à coup entre Loubet et Marguerite **.
Le ravisseur de la belle Loubette... je le connais, moi!
LOUBET.
Toi?
MARGUERITE.
Oh! parle, Nolis, parle!
NOLIS.
Un instant... oh! non, non... c'est délicat en diable!.. maître Loubet, faites sortir les femmes... toutes les femmes.
(Loubet accompagne Marguerite jusqu'à la porte de droite, et revient se placer à droite.)

SCÈNE XI.
NOLIS, LOUBET.

LOUBET.
Eh bien!.. parle, maintenant.

* Loubet, Marguerite. Nolis dans le fond.
** Loubet, Nolis, Marguerite.

NOLIS, d'un ton de mystère, après avoir regardé de tous côtés.

L'amant de la belle Loubette est le capitaine Nestor de Brissac... ils ont un rendez-vous, ce soir, au pavillon... là... à deux pas.

LOUBET.

Comment le sais-tu?

NOLIS.

Comment je le sais?.. ça, c'est mon secret... mais j'en suis sûr... (Allant à la fenêtre*.) Tenez, le voyez-vous passer avec le cadet de Fontbelle... ils vont au rendez-vous.

LOUBET, brusquement.

Suivons-les... (Il prend son épée et son chapeau, puis remonte la scène avec Nolis.) Songes-y, César Nolis... si tu mens, jamais tu ne remettras les pieds dans cette maison... je le jure.

NOLIS.

Adopté.

LOUBET.

Viens. (Ils sortent par le fond.)

SCÈNE XII.

MARGUERITE, LOUISE.

MARGUERITE, qui est entrée la première et les a vus sortir.

Seigneur! où vont-ils?.. (A Louise.) Nolis lui a dit : « Je connais son ravisseur », puis, il a demandé à rester seul avec Loubet... je ne sais rien de plus.

LOUISE, elle regarde au clou où était accrochée l'épée de Loubet**.

Son épée n'est plus là... il est allé se battre... il se bat, Marguerite... et que faire?.. où sont-ils?.. tu sais où il est allé... oh! tu le sais! tu le sais!

MARGUERITE, à part.

Je n'ose la consoler, je tremble moi-même.

LOUISE, désolée.

Marguerite, il faut y aller... nous nous jetterons entre les épées... on ne se bat pas quand les femmes sont là... on a peur, on a pitié.

MARGUERITE.

Allons, Louise... allons! mon enfant, du courage!.. Loubet est un homme raisonnable... il t'aime... tu vois bien qu'il ne se battra pas... il est allé chercher ta sœur, voilà tout.

LOUISE.

Je connais Loubet... il voudra la venger... les méchans, ceux qui enlèvent les jeunes filles savent se battre... mais un homme de bien, comme lui... oh! il se fera tuer!

MARGUERITE, pleurant.

Et que deviendrai-je, si Dieu m'enlève tous mes enfans.

LOUISE.

Oh! oui, tous... car s'il meurt, je mourrai.

(Loubet et Nolis rentrent par le fond.)

SCENE XIII.

NOLIS, LOUBET, LOUISE, MARGUERITE.

LOUISE, poussant un cri, et se jetant dans les bras de Loubet.

Jacques!..

LOUBET, à Louise.

Quelle frayeur!.. il n'y a rien!.. tu vois.

NOLIS, à part.

Louise... elle n'est pas blessée, c'est singulier.

LOUBET, s'approchant de Nolis sur le devant de la scène, à gauche.

Vous m'avez menti, M. Nolis, nous sommes allés au pavillon, vous avec moi... Nous y avons vu entrer le capitaine accompagné du cadet de Fontbelle... puis tous deux sont ressortis immédiatement... seuls... seuls, entendez-vous bien, M. Nolis!.. Le rendez-vous n'existait pas... vous m'avez menti!

* Loubet, Nolis.
** Louise, Marguerite.

NOLIS.

J'ai menti ?.. voyez !
(Il lui donne la lettre de la belle Loubette, trouvée dans le portefeuille de Brissac.)

LOUBET, après avoir lu la lettre.

C'était donc vrai ?.. elle demande à le suivre... oh ! malheur... je la trouverai, maintenant !.. (Il va pour sortir et s'arrête en voyant Louise.) Mais Louise, si je meurs... (Il se précipite à son bureau et écrit en prononçant à haute voix.) « A madame la marquise de Pontarlier... »
(La toile tombe.)

FIN DU PREMIER ACTE.

ACTE II.

Un salon de l'hôtel d'Entragues. Trois portes. Riche tenture de l'époque. Une table et un fauteuil à gauche, au premier plan.

SCENE I.

LA MARQUISE, assise dans le fauteuil, elle est pâle et souffrante, LE PRESIDENT, entrant par la droite.

LE PRÉSIDENT.

Ah ! c'est vous, madame la marquise... comme vous paraissez accablée...

LA MARQUISE, s'efforçant de sourire.

Oh ! ce n'est rien, mon père, ce n'est rien...

LE PRÉSIDENT.

Tu as dû bien souffrir, ma pauvre enfant, depuis ce jour qui a si douloureusement frappé notre maison.

LA MARQUISE, à part.

Si j'ai souffert !

LE PRÉSIDENT.

Tu as été une bonne épouse, mais écoute-moi... tu dois aimer aussi ton père, et tu dois te conserver pour lui... voyons, regarde-moi... que ton sourire est triste... comme tu es pâle... toi, si radieuse, il y a trois jours à peine.

LA MARQUISE.

Trois jours ! (A part.) Il n'y a que trois jours !

LE PRÉSIDENT.

Voyons ! il ne faut pas te consumer ainsi sur un cruel souvenir... il faut chercher à te distraire.

LA MARQUISE.

Me distraire, oh ! c'est impossible !

LE PRÉSIDENT.

Veux-tu m'écouter ? je me charge de te guérir... Il faut sortir, je vais faire atteler, et nous irons faire une promenade... nous n'irons pas trop loin, il ne faut pas te fatiguer... seulement jusqu'au couvent de la Visitation...

LA MARQUISE, vivement.

Je ne veux pas sortir, mon père... oh ! je vous en prie, ne sortons pas.

LE PRÉSIDENT.

Mon Dieu ! quel air tu prends pour me dire cela... je n'insiste plus... mais au moins, ne reste pas comme une recluse, enfermée dans tes appartemens sans voir personne !.. Si tu savais que de sollicitudes ton indisposition a éveillées !.. Toute la noblesse et la meilleure bourgeoisie de la ville d'Aix, sont venues s'inscrire chez toi.

LA MARQUISE, se levant et s'approchant du président.

Et Loubet... l'avocat Loubet, est-il venu ?

LE PRÉSIDENT.

Loubet ! mais il n'est plus à Aix ! Au fait, tu ne peux rien savoir, depuis trois jours...

LA MARQUISE, inquiète.

Qu'est-il donc arrivé depuis trois jours ?

LE PRÉSIDENT.

Un événement bien douloureux pour une famille estimable... l'enlèvement de la belle Loubette.

LA MARQUISE.
Que dites-vous donc?
LE PRÉSIDENT.
C'est du moins le bruit répandu par un certain César Nolis... voici ce qu'on raconte : Loubet aurait soupçonné sa cousine Catherine, d'avoir quitté la ville avec un capitaine du Royal-Comtois... Eh! mais, nous l'avons reçu quelquefois, tu sais, M. de Brissac... beau cavalier, homme à bonnes fortunes...
LA MARQUISE, vivement.
Je sais... je sais...
LE PRÉSIDENT.
On ajoute que Loubet, outragé personnellement par l'enlèvement présumé de sa parente, aurait poursuivi le ravisseur, pour le punir et se venger... ce qu'il y a de certain, c'est que l'avocat a disparu tout à coup, le lendemain de la Saint-Jean, et que, depuis, on n'a pas eu de ses nouvelles.

SCÈNE II.
Les Mêmes, UN DOMESTIQUE, puis LOUISE.

LE DOMESTIQUE.
Une jeune fille demande à parler à madame la marquise...
LA MARQUISE.
Son nom? *
LE DOMESTIQUE.
Louise Loubet.
LA MARQUISE, émue.
Louise! qu'elle entre! (Le domestique fait entrer Louise et sort.)
LE PRÉSIDENT.
Que peut te vouloir cette enfant?
LA MARQUISE, troublée.
Elle sait combien je m'intéresse à sa famille, et peut-être... (Apercevant Louise.) Approchez, mon enfant, ne tremblez pas.**
LOUISE, bas à la marquise.
Je voudrais parler à vous seule, madame la marquise.
LA MARQUISE, au président.
Mon père, votre présence l'intimide.
LE PRÉSIDENT, souriant.
Je vous laisse, mes enfans, je vous laisse... C'est notre privilége à nous autres vieillards, de toujours effaroucher la jeunesse.
(Il sort à droite, la marquise l'accompagne jusqu'à la porte.)

SCÈNE III.
LOUISE, LA MARQUISE.

LA MARQUISE.
Nous voici seules, Louise... voyons, que me voulez-vous?
LOUISE.
Vous savez tout ce qui nous est arrivé, madame... le malheur a du retentissement.
LA MARQUISE.
Oui, oui... je sais.
LOUISE.
Vous savez le départ précipité de maître Jacques... eh bien! madame, au moment de notre séparation, voici ce qu'il m'a dit : « Louise, je suis obligé de partir... de te laisser seule, pour long-temps peut-être... écoute-moi; voici une lettre... si dans trois jours, à pareille heure, tu ne m'as pas revu, déchires-en la première enveloppe... elle n'a aucun nom à te dire... sur la seconde, tu liras celui de la personne à qui elle est adressée... tu iras trouver cette personne, et tu lui remettras cette lettre. » Depuis le départ de maître Jacques, trois jours se sont écoulés... j'ai exécuté ses ordres... la lettre portait votre nom, madame. (Elle lui remet la lettre.)

* Le président, la marquise, le domestique.
** Le Président, la marquise, Louise.

LA MARQUISE, prenant la lettre avec une indifférence affectée.

Voyons, que peut avoir à me dire l'avocat Loubet? (Lisant haut.) «Madame, » quand vous recevrez cette lettre, celui qui l'a écrite, n'existera plus. »

LOUISE.

Que dites-vous, bon Dieu? oh! c'est impossible! (Elle pleure.)

LA MARQUISE, à part.

Brissac l'aura tué. (Continuant de lire.) « Je puis donc le dire maintenant, » je vous aimais... je vous aimais d'amour... »

LOUISE, à part, douloureusement.

Il l'aimait!

LA MARQUISE, continuant.

« Au nom de cet amour, écoutez ma prière; je vais mourir, madame, » exaucez-la!.. Louise reste seule après moi, c'est un ange de candeur et » de pureté... vous êtes la plus sainte des femmes, je vous la lègue. Elle » est maintenant au monde sans ami, soyez son amie... sans famille, » soyez sa mère... sans guide, conduisez-la. En récompense de tant de » soins, vous aurez sur la terre une vertueuse enfant, qui vous sera dé- » vouée, et où Dieu m'appelle, un cœur d'honnête homme qui priera pour » vous. » (A part.) Oh! combien je suis punie! (Haut.) Louise, chère enfant! regardez-moi désormais comme votre mère.

LOUISE, sanglottant.

Il est mort madame, il est mort... et c'est vous qu'il aimait!

LA MARQUISE.

Oui, je comprends ta douleur... pauvre fiancée de Loubet... je comprends tout ce qu'il doit y avoir de cruelles tortures pour ton cœur, dans ces mots : son amour était à une autre... J'ai eu tort de te lire cette lettre... cela fait bien mal, la jalousie, n'est-ce pas?

LOUISE, avec larmes.

Oh! non, madame, je ne suis pas jalouse... on dit que la jalousie fait haïr ceux qu'on a aimés, et la mémoire de maître Loubet me sera toujours chère... on dit que la jalousie nous inspire des idées de vengeance contre nos rivales préférées... et je me sens attirée vers vous par le charme d'une affection toute filiale.

LA MARQUISE.

Tu sens donc que tu pourras m'aimer, Louise!

LOUISE.

Je vous aime déjà.

LA MARQUISE.

Ainsi, cet aveu extraordinaire que la mort seule a pu arracher à Loubet, ne flétrira pas le souvenir d'amour et de reconnaissance qu'il t'a laissé.

LOUISE.

Eh! pourquoi lui en voudrais-je de vous avoir choisie entre toutes... vous qui êtes si bonne, si belle, si recherchée! vous, dont le nom est dans la bouche de tous les malheureux qui vous bénissent... vous, entourée de tant d'hommages, de tant de luxe, de tant de considération!..

LA MARQUISE, à part.

Oh! la considération, c'est tout!

LOUISE, continuant.

Tandis que moi, pauvre fille, qu'avais-je pour balancer dans son ame de si puissantes séductions? encore une fois, je n'en veux pas à maître Jacques... c'est vous qu'il devait aimer et non pas moi.

LA MARQUISE.

Remercie le ciel, enfant! qui ne t'a pas encore envoyé les tourments de la jalousie... toutes les larmes sont douces, vois-tu, auprès des larmes qu'elle fait répandre, toutes les blessures sont supportables, auprès de celles qu'elle fait saigner... tu regrettes Loubet, comme ton frère et ton ami, avant de le regretter comme ton fiancé... tu pleures sur sa vie éteinte, avant de pleurer sur tes illusions perdues... oh!.. ne te plains pas, alors, ne te plains pas!

LOUISE, sanglottant.

Je suis pourtant bien malheureuse, madame!.. Jacques, mon soutien, mon ami... séparé de moi... à jamais!.. oh!.. je ne puis me faire à cette idée!

LA MARQUISE.

Pourquoi te désespérer ainsi?.. peut-être Loubet vit-il encore, peut-être n'est-il que retardé dans son voyage, et bientôt...

LOUISE, avec ferveur.

Oh! mon Dieu! faites que cela soit... faites que je le revoie encore...

LA MARQUISE.

Mais aussi, mon enfant, s'il faut que notre espoir soit trompé, si Loubet ne revient pas... sois sans crainte, dès aujourd'hui, je t'adopte pour ma fille, adopte-moi pour ta mère et les dernières volontés de maître Loubet seront accomplies. Viens, viens, rentrons, tu es ici chez toi.

(On entend un bruit de voix au fond.)

SCENE IV.

LOUISE, LA MARQUISE, LE DOMESTIQUE, LE PRÉSIDENT.

LE PRÉSIDENT, entrant par la droite.

Qu'y a-t-il donc? d'où vient ce bruit?

LE DOMESTIQUE, entrant par le fond.

Plusieurs clercs de la basoche, demandent à parler sans retard à M. le Président.

LE PRÉSIDENT.

Faites entrer. (Le domestique sort.)

LA MARQUISE, inquiète, à Louise.

Je te rejoins, mon enfant, je te rejoins.

(Elle fait entrer Louise dans son appartement, à gauche.)

SCENE V.

LA MARQUISE, LE PRESIDENT, NOLIS, DE FONTBELLE, Basochiens rangés derrière Nolis.

NOLIS, effaré.

Ah! monsieur le président... monsieur le président... quel malheur... quel événement! quelle catastrophe!.. ah! je n'en puis plus... je n'ai pas une goutte de sang dans les veines...

LE PRÉSIDENT.

Voyons, qu'on s'explique.

NOLIS.

Je suis si abasourdi que je ne sais par où commencer.

UN CLERC, s'avançant.

Voilà ce que c'est...

NOLIS.

Veux-tu bien te taire, Adrien Mantou, tu n'as pas la parole... le récit n'appartient qu'à moi... je suis témoin oculaire.

LE PRÉSIDENT.

Au fait, dépêchons.

NOLIS.

Le fait, monsieur le premier président, est une chose atroce, un crime inouï...

UN AUTRE CLERC.

Il s'agit d'un meurtre...

LA MARQUISE.

D'un meurtre!

NOLIS.

Tais-toi donc, Jahan; est-ce qu'on te parle? (Au Président.) Oui, mon magistrat, il s'agit d'un meurtre sur une personne bien connue... sur la personne de la belle Loubette!

LA MARQUISE, à part.

Oh! mon Dieu!

LE PRÉSIDENT.

Mais Catherine Loubet n'est plus à Aix depuis plusieurs jours...

NOLIS.

Voilà précisément ce que tout le monde a cru comme vous... excepté moi, qui pourtant en ai répandu le bruit le premier... mais je ne crois pas tout ce que je répands.

LE PRÉSIDENT.

Eh bien! continuez.

NOLIS.

Donc, il y a trois jours que chacun répète: « Catherine Loubet est partie avec le Royal-Comtois. » Alors, quand j'ai vu que tout le monde était de mon avis... j'en ai changé, et je me suis dit : Un instant! cela n'est pas encore sûr, ne nous pressons pas, il y a peut-être quelque chose là-dessous. Eh bien! là-dessous, il y avait... un assassinat.

LE PRÉSIDENT.

Et comment a-t-on découvert?

NOLIS.

C'est moi, monsieur le président, qui ai découvert... moi seul!.. avec deux autres... voici comment. Pendant l'absence de maître Loubet, dont je suis le clerc... le premier clerc, j'étais chargé de vendre au profit des créanciers de M. de Brissac, un pavillon qui lui appartient... c'était sa petite maison... (Finement.) Vous comprenez? Je m'y rends donc ce matin avec Jahan et Mantou... j'ouvre, et je vois... oh! c'était horrible!.. une femme renversée... la face contre terre... et percée de plusieurs coups... c'était Catherine... sur le parquet, à côté d'elle, du sang... puis un couteau que voici... puis une mitaine noire que voilà.

(La marquise se soutient à peine et s'appuie sur la table en regardant Nolis avec terreur.

LE PRÉSIDENT.

Mais à quelle époque faire remonter le crime?

NOLIS.

Le soir de la Saint-Jean, la belle Loubette vivait encore... j'en suis sûr. Elle donna un rendez-vous à M. de Brissac... j'ai vu la lettre.

LE PRÉSIDENT.

Mais alors, les soupçons ne pourraient-ils pas se porter sur le capitaine lui-même.

DE FONTBELLE, vivement.*

Non, non, monsieur le Président, je ne l'ai pas quitté de toute la soirée de la Saint-Jean... nous sommes venus ensemble à ce rendez-vous.

NOLIS.

C'est vrai, je les ai suivis jusqu'au pavillon.

DE FONTBELLE.

Brissac y est entré avec moi... une obscurité complète y régnait... Brissac a appelé à plusieurs reprises : Catherine! Catherine!.. Aucune voix ne lui a répondu... et je me souviens parfaitement qu'en refermant la porte il m'a dit : Il y a là-dedans comme une odeur de sang!.. Je suis convaincu que déjà la belle Loubette était là, étendue morte... j'en suis convaincu.

NOLIS, comme frappé d'une idée.

Oh! mon Dieu! quel souvenir!.. je me rappelle, le soir de la Saint-Jean, vers neuf heures... Faites retirer tout le monde, monsieur le Président... je sais qui a commis le crime.

LA MARQUISE, avec terreur, à part.

Que va-t-il dire?

NOLIS.

Je me fais fort de vous mettre sur les traces du coupable.**

LA MARQUISE.

Vous savez?

NOLIS, vivement.

Ce n'est pas de Brissac, ce n'est pas un homme...

LE PRÉSIDENT.

Parlez.

NOLIS.

C'est une femme!

LA MARQUISE.

Une femme!

TOUS, surpris.

Oh!

LE PRÉSIDENT, à la marquise qui est prête à défaillir.

Retire-toi, ma fille... si faible... un tel récit... (La marquise hésite à se reti-

* La marquise, le président, de Fontbelle, Nolis, Basochiens.
** La marquise, le président, Nolis, de Fontbelle, Basochiens.

rer. Le président l'accompagne jusqu'à la porte de son appartement, à gauche. —Aux basochiens.) Laissez-nous seuls, messieurs. (Les basochiens sortent.)

SCÈNE VI.
LE PRÉSIDENT, NOLIS.

NOLIS, à part pendant que tout le monde se retire.

Oh! mon Dieu! accuser cette pauvre fille... mais pourtant... c'est elle, j'en suis sûr... c'est peut-être mal, ce que je vais faire... et comment reculer maintenant... oh! c'est égal, je ne dirai rien, j'aime mieux passer pour un menteur que d'être un lâche!

LE PRÉSIDENT, assis à gauche.

Eh bien! Nolis, je vous écoute.

NOLIS, embarrassé.

Vous m'écoutez! ah! c'est que... maintenant que j'y réfléchis, monsieur le Président, j'ai peur d'avoir été trop loin... et... certainement, ce n'est qu'un soupçon, voyez-vous, un simple soupçon...

LE PRÉSIDENT.

Faites-m'en part.

NOLIS.

Encore, c'est un soupçon si on veut, c'est un soupçon de soupçon... quelquefois on a comme ça, une idée, une idée confuse... et cette idée, c'est une bêtise... parce que... certainement...

LE PRÉSIDENT.

Vous savez bien que, dans une affaire si obscure, le moindre indice est une conquête.

NOLIS.

Tenez, monsieur le Président, je suis un fou, une tête sans cervelle... à votre place, je m'écouterais pas... c'est vrai, au moins! avec mon bavardage, je compromettrais le bon Dieu!

LE PRÉSIDENT, allant vers Nolis.

Votre bavardage pourrait donc en cette circonstance compromettre quelqu'un?

NOLIS.

Je ne dis pas ça... mais vous savez, quelquefois, il ne faut qu'un mot imprudent pour jeter le déshonneur sur une bonne famille de bourgeois... et je serais désolé....

LE PRÉSIDENT, l'interrompant.

Ah! la personne que vous soupçonnez est de famille bourgeoise?

NOLIS.

Je vous assure que je ne la soupçonne plus, moi... en y réfléchissant... une jeune fille si douce, si candide... c'est impossible.

LE PRÉSIDENT.

Vous la connaissez donc?

NOLIS.

Beaucoup... (Se reprenant.) C'est-à-dire, non... je la connaissais... je l'avais vue... comme on voit... toutes les jeunes filles d'Aix... à l'église, à la promenade, chez elle... (A part.) Il veut me faire parler... mais je ne dirai rien.

LE PRÉSIDENT.

Oui, et vous avez reconnu cette mitaine comme lui appartenant?

NOLIS.

Peuh! j'ai reconnu... j'ai reconnu... j'ai pu me tromper, le fait est qu'elle en porte de toutes semblables.

LE PRÉSIDENT.

Ah!

NOLIS.

Mais vous pensez bien que si on arrêtait toutes les femmes qui portent des mitaines... c'est la mode... et puis, voyez-vous, ça n'a pas de sens... c'est absurde comme tout, d'accuser cette pauvre Louise!..

LE PRÉSIDENT.

Louise, dites-vous?.. Louise Loubet?

NOLIS.

J'ai dit... Louise?.. (A part.) Oh! maudit bavard! maudit bavard!..

LE PRÉSIDENT.
Ne cherchez pas à mentir... et, maintenant que me voilà au fait... ne vaut-il pas mieux achever votre confidence? Il n'en sera ni plus ni moins.

NOLIS.
Eh bien! monsieur le Président... tâchez d'arranger ça de manière à ce que cette pauvre fille... car voyez-vous! il faut qu'elle ait eu un bien grand motif... pour sortir ainsi de son caractère... ce n'est pas naturel à son âge.

LE PRÉSIDENT.
Ainsi donc, le jour de la Saint-Jean?..

NOLIS.
Je l'ai vue sortir de la rue où est le pavillon du capitaine... avec une mantille noire... un voile noir... enfin tout en noir, même qu'elle marchait à grands pas et qu'elle regardait autour d'elle avec inquiétude.

LE PRÉSIDENT.
Et vous l'avez suivie?

NOLIS.
Poursuivie... jusqu'à la place de la Présidence, où d'autres basochiens se sont joints à moi pour lui faire peur... je ne savais pas encore que c'était Louise... sans ça!..

LE PRÉSIDENT.
Comment l'avez-vous su?

NOLIS.
D'abord, nous l'avons vue entrer chez maître Loubet... puis dans la soirée, j'ai su de mon patron lui-même que c'était sa cousine que nous avions pourchassée ainsi. En rentrant chez maître Loubet, j'aperçois par terre... devinez quoi?.. une mitaine noire, pareille à celle trouvée par moi auprès de la belle Loubette... Et cette mitaine était toute pleine de sang... Louise avait dit à son cousin qu'en fuyant les basochiens, elle était tombée... et s'était blessée au bras. Elle n'était ni tombée, ni blessée... je l'aurais vu.

LE PRÉSIDENT.
Et vous êtes prêt à témoigner en justice de tout ce que vous venez de dire?.. Vous êtes prêt à jurer devant Dieu que tout cela est la vérité?..

NOLIS.
Moi?.. mon Dieu!.. (A part.) C'est la vérité, pourtant.

LE PRÉSIDENT.
Eh bien?

NOLIS, avec douleur.
Je suis prêt.

LE PRÉSIDENT.
Retirez-vous, et quand il en sera temps, je vous ferai appeler.

NOLIS, avec vivacité,
Eh bien! c'est ça...je reviendrai... je vais courir, m'informer, questionner.. Je ne suis pas embarrassé, allez!.. j'ai mon monde, ma petite police à moi... je vais recueillir tous les bruits de la ville... Pauvre Louise!.. ce n'est peut-être pas elle... quoique pourtant. (A part.) Enfin, c'est égal!.. ce n'est pas bien, ce que j'ai fait là. (Haut.) Je reviendrai, monsieur le président, je reviendrai. (Il sort par le fond.)

SCENE VII.
LE PRESIDENT, puis LA MARQUISE.

LE PRÉSIDENT, seul, assis à gauche.
Louise Loubet capable d'un crime pareil!.. est-ce possible!.. elle aurait pu ressentir assez vivement le déshonneur de sa famille!.. Le fanatisme de la vertu aurait-il aussi ses vengeances cruelles!

LA MARQUISE, paraissant à la porte de son appartement.
Il me semble que je vais comparaître devant mon juge... je tremble!

LE PRÉSIDENT, sans voir la marquise.
Ces révélations de Nolis sont très graves!

LA MARQUISE, à part.
Qu'a-t-il pu dire?

LE PRÉSIDENT, se croyant seul.
Une vie si pure!

LA MARQUISE, à part.

M'aurait-il nommée? (Haut.) Monsieur le président!

LE PRÉSIDENT, se levant.

Ah! c'est vous, ma fille!.. votre indisposition n'a pas eu de suite?..

LA MARQUISE, lisant dans ses yeux, à part.

Il ne sait rien. (Haut.) Un peu d'émotion... ce récit du jeune clerc.

LE PRÉSIDENT.

Je comprends cela... quand on connaît les personnes qu'un grand malheur frappe tout à coup.

LA MARQUISE, avec une indifférence affectée.

M. Nolis a-t-il rempli sa promesse?.. Qui soupçonne-t-il?

LE PRÉSIDENT.

Ceci va bien vous surprendre... Louise Loubet.

LA MARQUISE, vivement.

Louise! cette enfant... oh! vous n'en avez rien cru, mon père... vous l'avez appelé infâme et calomniateur... n'est-ce pas?

LE PRÉSIDENT.

Non... car il m'a fourni des preuves.

LA MARQUISE, tremblante.

Des preuves?.. lesquelles?..

LE PRÉSIDENT.

Entr'autres, une mitaine tachée de sang, qui a été aperçue chez l'avocat...

LA MARQUISE, à part, tressaillant.

La mienne!.. oh! mais Loubet est mort!.. (Haut.) Et vous avez pu ajouter foi au dire d'un pareil fou?

LE PRÉSIDENT.

Madame, la justice ne saurait appeler à elle trop de témoignages pour s'éclairer.

LA MARQUISE.

Oh! mon père... ne vous pressez pas de juger, de condamner Louise... ni Louise, ni tout autre... attendez, amassez les preuves, entassez-les... que votre conviction soit profonde, pour que votre arrêt soit juste. Et puis, pourquoi présumer l'assassinat, plutôt que le suicide?.. Catherine Loubet était femme, était faible, était passionnée... qui sait... peut-être... un désespoir d'amour... peut-être un remords de sa vie passée l'aura armée contre elle-même... Mon père, mon père! promettez-moi de veiller sur l'existence de Louise, comme sur la mienne... songez que Louise m'intéresse, que je l'aime, cette enfant!.. et que la frapper, elle, ce sera me frapper, moi!

LE PRÉSIDENT.

Rassure-toi, rassure-toi... je n'en suis pas encore venu à la croire coupable... Mais pourtant, je veux l'interroger... elle était ici, tout à l'heure?

LA MARQUISE.

Oui, mon père, elle est venue m'apporter une lettre de Loubet, qui, prêt à mourir, lui aussi, la mettait sous ma sauve-garde... car vous ne savez pas, Loubet n'existe plus... Loubet est mort en allant, sans doute, venger sa parente déshonorée. (Avec force.) Et c'est au moment où j'accepte la tutelle de cette enfant... où la défendre, est devenu pour moi un devoir sacré, que vous voudriez, au nom de la justice qui doit se faire l'appui des faibles et le soutien des malheureux, l'arracher de mes bras, pour la conduire au supplice!.. elle, le dernier rejeton d'une famille déjà si infortunée!.. oh! cela ne sera pas... je vous jure, mon père! que cela ne sera pas!.. (Avec emportement.) Louise est chez moi, elle est dans mon appartement... elle n'en sortira pas... (Elle court à la porte de son appartement comme pour en défendre l'entrée au Président.) Nous verrons si le bourreau viendra l'y chercher*!

LE PRÉSIDENT, sévèrement.

Avant le bourreau, le juge... le juge qui entre partout comme le prêtre... le juge, madame la marquise! qui vous prie de ne pas vous mettre entre lui et son devoir... et qui, au besoin, vous l'ordonne!..

(La marquise reste atterrée; le Président passe devant elle; elle joint les mains en suppliant et veut le suivre; mais le Président lui ordonne par un geste de demeurer.)

* La marquise, le Président.

SCÈNE VIII.

LA MARQUISE, seule, après un moment d'abattement muet.

Oh! ne nous arrêtons pas à cette idée!.. ce serait affreux!.. cent fois la mort, plutôt!.. mais la mort, sans scandale!.. la mort, sans ignominie!.. car le déshonneur!.. oh! le déshonneur! jamais!
(Elle tombe affaissée dans le fauteuil à droite.)

SCÈNE IX.

LA MARQUISE, LOUBET.

(Loubet paraît à la porte du fond ; il est enveloppé d'un manteau de voyage qu'il dépose en entrant. Il reste un instant immobile à considérer la marquise.)

LA MARQUISE, se retournant et l'apercevant.

Loubet!.. (Elle se lève.)

LOUBET.

Oui, madame!.. c'est moi! c'est Loubet! qui vient ici furtivement, comme un malfaiteur... vous dire un dernier adieu... et repartir.

LA MARQUISE, vivement.

Sait-on que vous êtes à Aix?

LOUBET.

Personne ne m'a encore vu... personne ne me verra, excepté vous et Louise... vous d'abord... Louise ensuite... et puis, un éternel exil!

LA MARQUISE, vivement.

Vous n'avez vu personne... vous n'avez parlé à personne?.. aucun bruit de notre ville n'est arrivé jusqu'à vous? (A part.) Oh! mon Dieu! merci... (Haut.) Il faut repartir tout de suite, Loubet... repartir comme vous êtes venu, secrètement... et sans laisser soupçonner à qui que ce soit votre retour... partez, partez... ne me dites rien... je ne veux rien savoir, je sais tout ce que vous pourriez me dire... Louise m'a remis votre lettre, je l'ai lue... je vous pardonne.

LOUBET.

Oui, vous savez que je vous aime... vous savez que j'ai entrepris un voyage fatal... qui devait me faire mort, et Louise orpheline!.. Mais, madame la marquise, vous ne savez pas tout.

LA MARQUISE.

Vous me faites peur... achevez.

LOUBET.

J'ai voulu vous faire mes adieux, madame... vous dire, moi, ce que la voix publique vous eût appris demain... aujourd'hui, peut-être... je suis en fuite... je vais me réfugier en pays étranger... car je me suis battu en duel... et j'ai tué un homme!

LA MARQUISE, tressaillant.

Dieu!

LOUBET.

On dira que j'ai tué cet homme pour venger l'honneur de ma famille... et je le laisserai croire... mais à vous madame, je veux déclarer la vérité toute entière... l'infâme a osé dire devant moi qu'il était votre amant... je l'ai tué!..

LA MARQUISE, avec un cri déchirant.

Brissac! (Elle tombe en sanglottant sur le fauteuil.)

LOUBET, reculant.

C'était donc vrai!.. (Une pause.) Où est Louise?.. Louise est ici, rendez-moi Louise... Elle ne doit pas respirer plus long-temps l'air empoisonné de cette maison. (Appelant.) Louise!..

SCÈNE X.

LA MARQUISE, LOUISE, LOUBET.

LOUISE, entrant par la gauche.

J'ai entendu mon nom prononcé par une voix. (Apercevant Loubet et se jetant dans ses bras.) Jacques!

LOUBET.

Louise! (Il l'embrasse.) Tu t'étonnes de me revoir, enfant! tu m'avais

déjà pleuré, toi! c'est qu'en effet, je ne devais pas revenir... je devais laisser ma vie dans un duel... Dieu ne l'a pas voulu, et au lieu de me faire victime, il m'a fait meurtrier.
LOUISE.
Mais alors... votre vie est en danger... et vous êtes revenu, cependant!.. (Avec mélancolie, à part.) Ah! oui... pour la revoir!
LOUBET.
Je suis revenu pour te chercher, pour t'entraîner dans l'exil auquel ce duel me condamne... veux-tu me suivre?.. viens! ne restons pas plus long-temps ici... Partons! oh! partons!
LOUISE, tristement.
Je ne puis pas partir... moi aussi j'ai commis un crime, un crime horrible!.. du moins, on le dit... moi aussi, je suis menacée par la loi... et j'ai cet hôtel pour prison.
LOUBET.
Que veut dire ceci?.. la douleur a-t-elle égaré ta raison. (Courant vers la marquise.) Que veut dire ceci? madame la marquise, est-ce la vérité*?
LA MARQUISE, absorbée dans sa douleur, murmure bas.
Brissac!.. mort!
LOUISE.
Oh! c'est une fatale destinée que la nôtre... Maître Jacques, nous portons un nom maudit!.. Mon ami, ayez du courage! apprêtez-vous après de grands malheurs à en apprendre de plus grands encore.
LOUBET.
Voyons!.. parle... tu me fais mourir.
LOUISE.
Aussi bien! vous ne pouvez tarder à le connaître... Catherine, ma pauvre sœur... a été assassinée le soir de la Saint-Jean.
LOUBET, avec éclat.
Assassinée!
LOUISE.
Et des circonstances accablantes s'élèvent contre votre pauvre Louise, pour l'accuser de ce crime affreux... Et pourtant, Jacques...
LOUBET, vivement.
Tais-toi! oh! tais-toi! ange! ne te défends pas! (Une pause.) Ces circonstances... dis-les.
LOUISE.
Des témoins affirment que je suis allée le soir de la Saint-Jean, au pavillon de M. de Brissac, où l'on a trouvé la victime... m'avoir suivie jusqu'à notre porte... enfin avoir vu, dans votre cabinet, une mitaine tachée de sang, en tout semblable...
LOUBET, l'interrompant.
Assez! assez!.. j'en sais assez!.. tu ne mourras pas.
LA MARQUISE, comme se réveillant, et d'une voix suppliante.
Loubet!
LOUBET, sévèrement, bas.
Je ne veux pas qu'elle meure!.. (A Louise.) Laisse-nous un moment, ma Louise, j'ai à parler à madame la marquise. (La reconduisant.) Va, va...
(Elle sort à gauche.)

SCÈNE XI.
LA MARQUISE, LOUBET.
(Loubet se place en face de la marquise, dans une attitude de menace.)
LA MARQUISE, se dressant avec terreur et le regardant fixement.
Vous allez me dénoncer... je le lis dans vos yeux!
LOUBET, sombre.
Louise ne doit pas mourir!
LA MARQUISE.
Et vous osez dire que vous m'aimez!
LOUBET, s'animant peu à peu.
Oui, madame, j'ai aimé la marquise de Pontarlier!.. j'ai aimé cette

* La marquise, Loubet, Louise.

femme pure entre toutes les femmes!.. qui se poétisait à mes yeux par sa vertu, plus encore que par sa beauté!... j'ai aimé cet ange de charité dont les pauvres murmuraient le nom dans leurs prières! j'ai aimé cette idole sacrée, dont le sanctuaire était dans tous les cœurs et l'adoration dans toutes les bouches!.. Enfin, madame, j'ai aimé un rêve! et je suis réveillé!.. je suis réveillé, car cette femme que je croyais chaste, est une femme adultère! car cette femme que je croyais pieuse, désertait une nuit le cercueil de son époux pour courir après son amant!.. car cette femme que je croyais douce, manie au besoin le poignard, et n'a pas peur du sang!.. car cette femme que je croyais bonne, est prête à laisser marcher au supplice une pauvre fille innocente, pour ne pas compromettre son blason sur un gibet!

LA MARQUISE, à genoux.

Grace! grace! Loubet!

LOUBET, avec amertume.

La voilà donc à mes pieds!.. le front courbé dans la poussière... celle que j'aurais voulu adorer à deux genoux... comme une sainte... Courbez-vous, madame! courbez-vous plus bas!.. je ne suis plus le croyant qui adore!.. je suis le juge qui punit!

LA MARQUISE.

Loubet! ayez pitié de moi!.. ne me parlez pas avec injure, avec menace... mon crime a été involontaire, et je donnerais mon nom, mon sang, tout, (Elle se relève fièrement.) excepté ma réputation! pour l'expier... vous ne me croyez pas?

LOUBET.

Et que me fait votre réputation, après tout!.. Pour sauver cette réputation, vous courrez donc ainsi de crime en crime!.. encore tachée du sang de la veille vous vous couvrirez de sang le lendemain!.. après Catherine Loubet, Louise Loubet! après Louise Loubet, une autre!.. vingt autres!.. jusqu'à ce que Dieu et l'enfer vous arrêtent!

LA MARQUISE.

Oh! vous m'épouvantez!

LOUBET, ironiquement.

Ah! madame la marquise! c'est ainsi que vous avez accepté l'héritage du pauvre fiancé de Louise Loubet!.. Prêt à mourir, il vous demandait pour elle le cœur d'une mère, et vous lui avez ménagé les douceurs de la torture! Il vous avait crié d'une voix solennelle, car elle partait de la tombe : « Aimez-la, protégez-la... » Et votre amour la pousse au supplice! votre protection jette sa tête sous la hache du bourreau! noble tutelle que la vôtre!

LA MARQUISE, défaillante.

Mais Louise ne mourra pas, quelque soit le jugement... avec de l'or, nous ouvrirons sa prison... et si la fuite est impossible, elle aura des lettres de grace, je le jure.

LOUBET.

Des lettres de grace! mais vous n'y pensez pas!.. Elles abolissent la peine, mais le déshonneur reste! l'infamie subsiste... Non! non! c'est une éclatante justification qu'il faut à Louise... elle l'aura!

LA MARQUISE.

Plus tard! plus tard!.. je parlerai, je vous le promets... j'ai si peu de temps à vivre! A mon lit de mort, je puis tout avouer... avant, non!.. l'infamie!.. oh! non.

LOUBET.

Ah! oui!.. sacrifiez tout à la considération du monde, tout, jusqu'au pardon de Dieu!

LA MARQUISE.

Ecoutez-moi, Loubet... vous me croyez plus coupable que je ne le suis, j'en suis sûre... car, si c'est la préméditation seule qui fait le crime...

LOUBET, incrédule.

Que voulez-vous dire?.. n'êtes-vous pas allée au pavillon de M. de Brissac pour tuer votre rivale?

LA MARQUISE, avec force.

Non! non! je le jure... je croyais être la seule femme qui fût jamais entrée en ce lieu!.. quand j'y trouvai... Catherine Loubette.

LOUBET.

Achevez.

LA MARQUISE.

Eh bien! cette fille me reconnut... elle m'insulta, elle osa me menacer!.. mon secret, ma réputation étaient entre ses mains... la malheureuse me dit que dès le lendemain on saurait notre rencontre... La marquise de Pontarlier au même rendez-vous que la belle Loubette!.. j'eus peur! un couteau se trouva sous ma main... Catherine cria... je ne sais... j'étais comme folle... je frappai au hasard... un corps tomba auprès de moi et je me sauvai... C'est ainsi que je l'ai tuée! (Elle tombe à genoux.)

LOUBET, ému.

Relevez-vous, madame la marquise. (Une pause.) Mais le bourreau est là qui attend sa victime... il lui en faut une... je la lui donnerai.

LA MARQUISE, frappée d'une idée, se relève fièrement.

Mais il n'y a pas de preuves contre moi... personne ne m'a vue chez vous... on ne vous croira pas!

LOUBET, avec fermeté.

On me croira.

(Grand bruit au-dehors. On entend : « Mort à Louise Loubet! c'est elle qui es » coupable!.. justice! »

LOUBET, à la marquise.

Entendez-vous, madame?.. voici déjà le peuple qui hurle à cette porte... Il demande son festin de sang!

SCENE XII.

Les Mêmes, LE PRESIDENT, LOUISE, NOLIS, Basochiens.

(Le président entre par la gauche, soutenant Louise prête à défaillir... Plusieurs basochiens entrent par le fond, à leur tête, César Nolis. Tous crient : « Mort à Louise » Loubet! » Nolis cherche à apaiser leurs cris. Tout à coup, il se trouve en face de l'avocat et reste pétrifié.)

NOLIS.

Vous ici! maître!

TOUS.

Loubet!..

LOUBET.

Oui, messieurs... Jacques Loubet... revenu tout exprès en cette ville pour épargner à la justice un crime... et à vous tous un remords! (Terreur de la marquise. Etonnement général — Loubet continuant.) Louise Loubet est innocente du crime dont on l'accuse... (Rumeur d'incrédulité.) car l'assassin de Catherine, je vous l'amène... car l'assassin de Catherine Loubet... c'est moi! (Grande rumeur.)

(La toile tombe.)

FIN DU DEUXIÈME ACTE.

ACTE III.

Un vestibule de l'hôtel de la présidence, terminé au fond par un vitrage gothique qui laisse apercevoir le péristyle de l'hôtel. Porte au milieu. A droite, au deuxième plan, une porte conduisant au tribunal; du même côté, au troisième plan, une fenêtre donnant sur la place; à gauche, au premier plan, la porte de l'oratoire de la marquise; du même côté, au deuxième plan, porte conduisant aux appartemens. Un fauteuil de chaque côté de la scène.

SCÈNE I.

MARGUERITE, seule.

Moi, au service de M. le marquis d'Entragues! moi, la seconde mère de Louise! au service de celui qui va la juger... la condamner peut-être! Maître Loubet aussi, on l'accuse... il s'est accusé lui-même pour sauver notre malheureuse enfant! « Ne quitte pas la marquise, m'a-t-il dit; si tu

aimes Louise, veille à toute heure du jour et de la nuit, sur Mme de Pontarlier, épie avec soin toutes ses paroles, son sommeil, sa santé... elle est souffrante, si le mal augmente et menace sa vie, ne perds pas un instant, viens, cours me prévenir... » Pourquoi dans un pareil moment, un intérêt si vif pour une autre femme? Oh! je le vois bien, il n'aime pas Louise comme il devrait l'aimer... pauvre enfant! tous les malheurs!... Mais on m'appelle... est-ce que la marquise serait plus mal?
(Elle va pour sortir.)

NOLIS, appelant du dehors.
Eh! Marguerite! annoncez au président...

MARGUERITE, apercevant Nolis.
Encore ce maudit Nolis... oh! sa vue me fait horreur! c'est lui qui nous a tous perdus. (Elle sort par la porte des appartemens.)

SCENE II.
NOLIS, DE FONTBELLE, BASOCHIENS.

NOLIS, entrant par le fond.
Elle se sauve devant moi, comme elle ferait devant le diable! Croiriez-vous bien, messieurs, que cette bonne femme s'imagine que je suis l'ennemi de Loubet... moi, l'ancien clerc de maître Loubet; moi qui ne viens ici avec vous que pour le sauver.

DE FONTBELLE.
A quoi bon le soustraire à sa condamnation? n'a-t-il pas à payer aussi la mort du capitaine Nestor de Brissac? maître Loubet est un homme perdu... autant vaut l'abandonner à sa destinée et lui laisser la consolation de sauver sa pauvre Louise...

NOLIS.
J'ai voulu vous laisser parler tout à votre aise, messire de Fontbelle... on voit bien que vous suivez plus assidument les jeunes filles de la bonne ville d'Aix, que les cours de la basoche... sans cela, vous sauriez tout aussi bien que moi, que le capitaine Nestor de Brissac ayant été tué dans le comtat Vénaissin, sur les terres papales, l'édit du roi de France contre le duel, ne saurait atteindre maître Loubet!

LES BASOCHIENS.
Bravo! bravo! César Nolis!

NOLIS, triomphant.
J'espère que voilà ce qu'on pourrait appeler une rétorsion AD HOMINEM! (D'un ton declamatoire.) Et, messieurs, suivez bien mon raisonnement.... Pourquoi maître Loubet, le plus pacifique, le plus inoffensif des hommes, s'est-il battu avec le capitaine Nestor de Brissac?.. voyons, là... répondez, messire de Fontbelle!.. Vous ne dites rien?.. Eh bien! messieurs, la réponse, c'est moi qui vais la faire... voici comment la chose s'est passée : Maître Loubet arrive à Avignon, il va droit à M. de Brissac... « Vous avez enlevé ma cousine, lui dit-il, rendez-la moi! » M. de Brissac, naturellement, répond : « Vous êtes fou! votre cousine n'est point ici!.. » Maître Loubet, persuadé qu'on a fait cacher la belle Loubette, répond : « Elle y est; vous en avez menti! » De là, rendez-vous sur le pré... une! deux!.. le capitaine est flambé!.. Est-ce clair? (Changeant de ton.) Je conclus, messieurs... Jacques Loubet n'a pu tuer le capitaine Nestor de Brissac, que dans la persuasion que sa cousine était à Avignon... donc, maître Loubet n'a pas tué sa cousine... il se dévoue pour Louise, voilà tout!

LES BASOCHIENS.
Cela est vrai, la preuve est évidente!

NOLIS, confidentiellement.
Ce n'est pas tout, messieurs... j'ai encore une preuve... preuve importante, et qui sera confirmée par témoins; je vous la gardais pour la bonne bouche. (Les basochiens se pressent autour de lui.) J'ai vu ce matin le geôlier des prisons... c'est un brave homme auquel Loubet a fait avoir cette place. Il m'a raconté que, la première nuit de son incarcération, Loubet marchait à grands pas dans son cachot, comme un homme hors de sens, et qu'il criait : « Je la sauverai! je donnerai ma vie!.. » Et cent autres propos semblables. (Tumulte sur la place.)

DE FONTBELLE, à la fenêtre.
Quel est ce tumulte sur la place?

NOLIS, s'approchant de la fenêtre.

Eh! c'est maître Loubet lui-même qu'on amène ici... monsieur le président a sans doute voulu l'interroger encore une fois, avant l'ouverture des débats... Restons, messieurs; et qu'il ne sorte d'ici, que libre et réhabilité!

LES BASOCHIENS.

Bravo! César Nolis!.. vive maître Loubet! il est innocent! il n'est pas coupable! ce n'est pas lui!

SCÈNE III.

NOLIS et LES BASOCHIENS, au fond à gauche, LOUBET, entrant par le fond, LE PRÉSIDENT, entrant par la droite, HOMMES D'ARMES, PEUPLE au fond.

LOUBET, à part.

Encore ce César Nolis! je trouverai donc partout ce démon sur mes pas.

LE PRÉSIDENT, aux basochiens.

Allez, messieurs, rendez-vous au palais, les débats s'ouvriront dans une heure.   (Fausse sortie des basochiens.)

NOLIS, les arrêtant.

Restez, je vais porter la parole.

LOUBET, au président.

J'implore de vous une dernière faveur, une dernière consolation... on n'a pas encore rendu à la liberté cette pauvre enfant, qu'une erreur a fait accuser à ma place... ordonnez que les portes de sa prison soient ouvertes... qu'on la conduise auprès de sa tante, au couvent de la Visitation... qu'elle ignore, du moins, l'arrêt qui va me condamner.

NOLIS, vivement.

On ne me fermera pas la bouche... et je proteste... je...

LE PRÉSIDENT, l'interrompant.

Silence! (Nolis s'incline et se tait.) Maître Loubet, la justice ne peut se rendre complice de votre généreux dévouement... elle a reconnu que vos aveux n'étaient qu'un sacrifice dicté par votre tendresse pour cette jeune fille... dès ce moment, vous êtes libre.

NOLIS, criant.

Vous l'ai-je dit, messieurs.

LOUBET, anéanti.

Libre, je suis libre!.. et Louise?

LE PRÉSIDENT.

Au lieu de mourir pour elle, vous la défendrez devant ses juges.

LOUBET.

Ainsi, on ne veut pas croire que c'est moi... (Désolé.) Oh! pauvre enfant! pauvre enfant! et l'on croit plutôt que c'est elle!.. elle, un ange! une sainte! tuer sa sœur!.. monsieur le Président, au nom du ciel et de la justice... prenez ma vie et sauvez la sienne!

NOLIS, s'avançant.

D'un mot, monsieur le Président, je vais lui arracher l'aveu de son innocence.

LOUBET, bas à Nolis.

Tais-toi, César Nolis! oh! tais-toi.

NOLIS, très haut.

Du tout! vous m'avez accusé de vouloir vous perdre, et je tiens à me justifier en vous réhabilitant!.. Oui, monsieur le premier Président! je jure devant Dieu et devant les hommes! que je n'ai pas quitté maître Loubet, de tout le soir de la Saint-Jean.

TOUS.

Il est innocent!

LE PRÉSIDENT.

Vous entendez, maître Loubet, personne ne croit à vos aveux.

LOUBET.

Et pourtant c'est moi, moi... croyez-le!

NOLIS.

Et cette femme que nous avons poursuivie?

LOUBET, troublé.

Cette femme! c'est un vision de votre cerveau.

NOLIS.
Vous m'avez dit vous-même : C'est Louise Loubet.

LOUBET.
J'ai menti, j'étais troublé, je voulais cacher mon crime, je ne savais ce que je disais...

NOLIS.
Et ces mitaines sanglantes! direz-vous aussi que vous portiez des mitaines? (Loubet reste accablé.) Il ne répond pas... quand je disais... il avoue que ce n'est pas lui! (Avec attendrissement.) Ce pauvre maître Loubet!.. moi, son ancien clerc... son meilleur ami... m'accuser de vouloir le perdre... (S'emparant de la main de Loubet et la serrant avec émotion.) Oh! vous ne le croyez plus, à présent, n'est-ce pas?

LOUBET, bas.
Malheureux! si tu savais le mal que tu viens de faire?

NOLIS, ému.
Croyez-vous donc qu'il ne m'en a pas coûté pour accuser votre pauvre cousine? Mais nous sommes esclaves de la justice.

LOUBET, avec colère.
Tais-toi! tais-toi!

LE PRÉSIDENT.
Rappelez votre raison, Jacques Loubet, recueillez vos esprits, et préparez-vous à la mission difficile qui vous reste à remplir.

NOLIS, aux basochiens.
La douleur, l'amour, lui font perdre la tête... Venez, messieurs, allons au palais... je veux être le premier à annoncer que maître Loubet défendra l'accusée... C'est ça qui va faire bavarder tous ces bavards d'avocats qui espéraient plaider dans cette cause importante!.. Suivez-moi, messieurs. Au palais! au palais!

TOUS.
Au palais! au palais! (Nolis et les basochiens sortent par le fond.)

SCENE IV.

LE PRÉSIDENT, LOUBET, puis LA MARQUISE.

LE PRÉSIDENT.
Remettez-vous, mon ami, reprenez courage... tout ce qu'un juge peut faire sans transgresser la loi, je vous promets de le faire pour vous.

LOUBET, accablé.
Ah! monsieur, vous ne pouvez rien... ce n'est pas vous qui pouvez la sauver... c'est une autre personne... (La marquise paraît sur le seuil de la porte de son appartement à gauche. Elle écoute.) et cette personne ne veut pas... Elle voudrait peut-être, si elle me savait libre...

LE PRÉSIDENT.
Que voulez-vous dire?

LA MARQUISE, qui s'est avancée, à part.
Libre! il est libre! (Le président et Loubet se retournent et l'aperçoivent.)

LOUBET, à part.
C'est elle!* (Avec espoir.) Oh! mon Dieu!

LE PRÉSIDENT, allant vers la marquise et la soutenant.
Pourquoi avez-vous quitté votre chambre, ma fille? souffrante et malade comme vous l'êtes?

LA MARQUISE.
Je... je voulais... vous implorer une fois encore pour les malheureux que vous allez juger... Mais ce pauvre Loubet est donc libre?.. j'ai entendu... vous disiez... il s'est donc rétracté?

LOUBET, regardant fixement la marquise.
J'ai juré que j'étais coupable... on ne veut ni de ma vie, ni de mes sermens... dans moins d'une heure, madame, Louise Loubet sera jugée!

LA MARQUISE, avec anxiété au président.
Et c'est lui qui plaidera pour elle? (A part.) Si elle est condamnée, il me dénoncera!

LE PRÉSIDENT.
Ne pensez pas à cette terrible affaire... vous avez besoin de calme et de

* Le président, la marquise, Loubet.

repos... ces pénibles émotions épuisent vos forces, rentrez chez vous... venez, que je vous accompagne.
LA MARQUISE, avec instance.
Mon bon père, ne me quittez pas... remettez à un autre jour les débats de ce procès... restez... de grâce! quelques jours encore... alors, je serai morte, et vous pourrez... (A Loubet.) Maître Loubet... n'est-ce pas?.. un délai?
LOUBET, à part.
Quel espoir?
LE PRÉSIDENT.
Chasse ces pensées sinistres... ne cède pas ainsi à cette douleur qui te tue...
LA MARQUISE.
Que peut vous faire un délai d'un jour? demain, il sera bien temps de juger cette malheureuse enfant... Maître Loubet, vous ne dites rien! (A demi-voix.) oh! mais parlez donc pour moi, pour vous, pour votre Louise!
LOUBET, sombre.
J'attends, madame la marquise!
LE PRÉSIDENT.
Je dois te refuser cette grace... toute la ville d'Aix demande avec impatience le dénouement de cette affaire... je ne puis ni retarder le châtiment de la coupable, si Louise est coupable... ni prolonger ses angoisses, si un acquittement doit la rendre à l'honneur et à la vie... Ainsi, laisse-moi m'éloigner de toi: c'est pour remplir une tâche bien pénible... (Il regarde avec bonté Loubet et dit à la marquise.) Et pendant que je serai là-bas... prie Dieu, ma fille, qu'il vienne éclairer nos consciences... prie Dieu, mon enfant!
LA MARQUISE, à Loubet, d'un ton suppliant.
Maître Loubet!
LOUBET, d'un ton solennel.
Priez Dieu, madame la marquise, priez Dieu!
LA MARQUISE, à son père qui la ramène vers ses appartemens.
Pas par là, mon père... ici, dans mon oratoire.
(Elle entre avec le président, dans l'oratoire.)
LOUBET, un moment seul.
Elle ne parlera pas à temps... Louise jugée ce soir... morte ce soir... et pas de preuves pour accuser cette femme! et j'ai pu l'aimer, moi, moi!.. et oublier cette chère enfant! oh! Dieu me punit et m'abandonne.
LE PRÉSIDENT, sortant de l'oratoire.
Maître Loubet, le tribunal va s'assembler... quelques instans vous restent encore, pour entretenir l'accusée que vous devez défendre... on va la mener auprès de vous.   (Il sort par le fond.)

SCENE V.
LOUBET, seul.
La défendre! mais elle est condamnée d'avance par toutes les bouches! Quand je disais à tous : Je suis coupable! ils ne m'ont pas cru... quand je leur crierai tout à l'heure : Grace pour Louise, elle est innocente! ils ne me croiront pas; car mes paroles mêmes, ont fait de moi son premier accusateur! (Tumulte au dehors. On crie : Vive maître Loubet! Voilà la coupable!) Oh! mon Dieu!
(Louise accourt et se réfugie dans ses bras. Elle est poursuivie jusqu'à la porte par la foule. Les gardes ferment la porte et repoussent le peuple.)

SCENE VI.
LOUBET, LOUISE.
LOUISE, éperdue.
Loubet! Loubet! entendez-vous... ces cris!
LOUBET, la pressant dans ses bras.
Les lâches!.. mais ne crains rien! Louise! tu es dans mes bras... ne crains rien!

LOUISE, tout émue.

Ils veulent ma mort, n'est-ce pas, Jacques? ils veulent que vous viviez! oh! c'est bien! ils ont raison! mais, voyez-vous! ces cris... cette foule..., cela m'a fait peur... j'aurais dû ne pas les craindre pourtant... puisqu'ils sont vos amis!..

LOUBET.

Mes amis! ceux qui veulent ta mort!..

LOUISE.

Mais ils veulent que vous viviez!

LOUBET,

Ceux qui te croient coupable!

LOUISE,

Mais ils crient que vous êtes innocent! Jacques, vous vouliez mourir pour moi... le ciel ne l'a pas permis,.. je l'en remercie!

LOUBET.

Toi aussi, Louise.., tu n'as pas cru que j'étais coupable...

LOUISE.

Jacques! pensiez-vous que je l'étais, moi!

LOUBET, la regardant en pleurant.

Pauvre enfant!

LOUISE.

Ne pleurez pas, cousin... vous voyez, je ne pleure pas, moi... depuis que j'ai appris que vous étiez libre... je suis heureuse!

LOUBET.

Oh! je n'ai pu te sauver! je ne le puis!

LOUISE.

Je suis résignée... je ne crains pas la mort... ne devions-nous pas vivre ensemble... toujours... eh bien!-j'irai vous attendre là-haut.

LOUUET.

Tu ne regrettes donc rien, ici-bas?

LOUISE.

Non, Jacques! autrefois je n'aurais pas voulu mourir.., mais à présent!

LOUBET.

Que dis-tu? tu oublies que tu es ma fiancée... que ta vie m'appartient tout entière...

LOUISE.

Non, mon ami... notre mariage ne devait pas s'accomplir... vous m'auriez épousée, malgré vous... vous auriez été malheureux...

LOUBET.

Malgré moi!

LOUISE.

Je ne vous reproche rien, Jacques! ce n'est pas votre faute... j'ai bien lu au fond de votre cœur... vous m'aimiez comme une sœur... mais vous ne me vouliez pas pour votre femme.

LOUBET.

Louise! Louise! que dis-tu? moi ne pas t'aimer! moi ne pas t'adorer de tout l'amour de mon ame!

LOUISE.

Je n'étais qu'une pauvre fille, bien simple, bien aimante... ce n'était pas assez... je ne méritais pas tant de bonheur... alors j'aimais mieux mourir!

LOUBET, avec exaltation.

Oh! mais ne parles pas ainsi, Louise... tu veux donc briser mon cœur et ma raison? tu veux donc me tuer de douleur, de remords, de désespoir!.. Si ma tête s'égare en t'entendant prononcer ces paroles impitoyables... si mes idées se confondent... si je deviens fou! qui te défendra, qui te sauvera, alors?

LOUISE.

Jacques, Jacques... ce n'est point un reproche que je vous fais... vous avez toujours été pour moi, le père le plus tendre, le frère le plus dévoué... je ne vous dois que de la reconnaissance... vous ne me deviez rien, vous! et vous avez tant fait pour moi! pouvais-je exiger encore votre amour... oh! non! une autre femme le méritait mieux!

LOUBET.

Une autre femme?

LOUISE.
Une femme plus digne de vous, cousin Jacques; la noble marquise de Pontarlier.
LOUBET, avec éclat.
La marquise de Pontarlier! la marquise de Pontarlier! oh! non! non! je ne l'aime plus, vois-tu! je la hais, je la maudis aujourd'hui!
LOUISE.
Ne prononcez pas de semblables paroles... je ne la hais pas, moi! je l'aime, puisque vous l'aimez.
LOUBET.
Moi, aimer cette femme! oh! c'est toi... toi, seule... toi, mon ange... toi, ma fiancée! toi, ma femme... que j'aime... que j'aime par-dessus tout!
LOUISE, ivre de joie.
Cousin Jacques! cousin Jacques!.. que dites-vous?
LOUBET.
Ce que Dieu lit dans mon cœur... que je t'aime, Louise... que toi seule es digne de mon amour... que je vivrai pour t'aimer, s'ils te laissent la vie... que s'ils te tuent, je mourrai!
LOUISE, tombant à genoux, avec exaltation.
Oh! mon Dieu! mon Dieu! merci du bonheur que tu m'envoies! il m'aime! il le dit! je le crois! il m'aime!.. (Se relevant avec terreur.) Oh! mourir à présent que la vie est si belle! à présent qu'il m'aime! oh! je ne veux plus mourir... (Elle se cache dans les bras de Loubet.) Jacques! défends-moi! défends-moi!
LOUBET, avec désespoir.
Louise!
LOUISE, frissonnant dans les bras de Loubet.
J'ai peur! j'ai peur, Jacques... je ne veux plus mourir!
LOUBET.
Oh! malheur! je ne puis te sauver!
LA MARQUISE, sortant de l'oratoire.
Je la sauverai, moi!

SCENE VII.

LA MARQUISE, LOUBET, LOUISE, puis MARGUERITE.
(Louise tombe aux genoux de la marquise, Loubet la relève aussitôt.)
LOUBET.
A genoux! toi! Louise! (A lui-même.) Aux genoux de cette femme!
LOUISE.
Elle veut me sauver.
LOUBET, à la marquise.
Le veut-elle?
LA MARQUISE.
Oui, Loubet... écoutez-moi...
MARGUERITE, entrant par la porte des appartemens, et prenant dans ses bras Louise.
Mon enfant!
LOUISE, tout entière aux paroles que va dire la marquise, se dégage des bras de Marguerite, en lui disant
Ecoute... écoute... la liberté... la vie... avec Jacques Loubet... toujours!
LA MARQUISE.
Il faut fuir, Louise, le voulez-vous?
LOUISE.
Avec lui... partout!
MARGUERITE, avec espoir.
Seigneur Dieu!
LOUBET.
Ah! c'est la fuite que vous nous conseillez, madame... mais vous savez bien que cela est impossible, les portes sont gardées.
LA MARQUISE.
Plus bas, plus bas, Loubet. (Montrant la porte de l'oratoire.) Cette porte... mon oratoire... le jardin à traverser... voici la clef.
LOUISE.
Mais le peuple, dans la rue?

LA MARQUISE.
La rue est déserte, pas une ame... tout le monde est sur la place du Palais. (Montrant l'oratoire à Louise.) Là-dedans, une mante pour vous. (A Loubet.) Pour vous, un manteau... l'église à deux pas, vous y resterez jusqu'à la nuit, et, la nuit, ma voiture, mes gens... Allez, allez... j'obtiendrai de mon père... ne craignez rien, partez

LOUBET, bas à la marquise.
C'est la vie que vous offrez à cette enfant, madame; et son honneur?

LA MARQUISE, s'approchant de Loubet.
Plus tard! bientôt... bientôt... ne voyez-vous pas que ma vie s'éteint, que je meurs...

LOUISE, à Loubet.
Oh! la vie d'abord! la vie avec toi!

MARGUERITE, à la marquise.
Oh! bénédiction sur vous!

LOUISE.
Oui... béniction!

LA MARQUISE, les poussant vers l'oratoire.
Partez, partez! *

Au moment où ils vont entrer dans l'oratoire, la porte de droite s'ouvre, et un huissier paraît avec des hommes d'armes. Tous s'arrêtent frappés de stupeur et s'écrient : Mon Dieu!

LA MARQUISE.
Il est trop tard!

(On aperçoit la foule a travers le vitrage du fond, la marquise passe à droite.**)

SCENE VIII.
LES MÊMES, UN HUISSIER, HOMMES D'ARMES.

L'HUISSIER.
Le tribunal est assemblé! on attend l'accusée et son défenseur.

LOUISE, se cachant dans les bras de Loubet.
Jacques, je vais mourir!

LOUBET, regardant la marquise.
C'est à moi de te sauver, à présent.

LA MARQUISE, suppliant.
Loubet!

LOUBET, à demi-voix.
Les juges attendent, (On entend des clameurs au-dehors.) le peuple s'impatiente... que faut-il faire, madame?

LA MARQUISE, se levant.
Eh bien... (Elle fait un effort comme pour révéler son crime... et retombe en murmurant :) Je ne puis.

LOUBET.
Que la volonté de Dieu s'accomplisse! viens, mon enfant!

(Il prend Louise dans ses bras et marche avec elle vers le fond.)

LOUISE, avec effroi, montrant la porte du fond.
Cette foule!

L'HUISSIER, montrant la porte à droite.
Cette porte conduit au palais.

(Loubet et Louise sortent, puis les hommes d'armes. L'huissier retient Marguerite qui veut les suivre et sort en refermant la porte. La foule qui occupait le fond, se retire. Marguerite reste immobile et muette les yeux attachés sur la porte de droite.)

SCÈNE IX.
LA MARQUISE, MARGUERITE.

LA MARQUISE, se levant, à part avec égarement.
Il ne la laissera pas condamner! il me nommera! mais si j'étais là... si mon regard arrêté sur le sien .. il n'oserait pas, peut-être... Oui, oui, il faut aller, c'est mon seul, mon dernier espoir! nommée, dénoncée devant cette foule! devant mon père! oh! (Appelant.) Marguerite...

* Louise, Loubet, Marguerite, la marquise.
** Louise, Marguerite, Loubet, la marquise assise à droite, derrière elle l'huissier et les gardes ! au fond, la foule.

MARGUERITE, anéantie, n'entend pas et dit en pleurant.

Ma fille!

LA MARQUISE, appelant

Marguerite.

MARGUERITE.

Ils vont me la tuer.

LA MARQUISE.

Ecoute, Marguerite, il faut aller... il faut aller au palais... viens avec moi!

MARGUERITE.

Jésus! madame la marquise! nous, aller au tribunal... assister à cette épouvantable affaire!..entendre prononcer l'arrêt de mort de mon enfant!

LA MARQUISE, qui n'a pas entendu, voulant l'entraîner.

Viens! viens! ne m'abandonne pas... je n'ai pas la force, seule, conduis-moi.

MARGUERITE.

Au nom du ciel! restez... cela nous tuerait toutes deux!

LA MARQUISE, égarée.

Je veux être présente à ce débat, entendre ce qui va se dire... voir pendant qu'il plaidera, maître Loubet... le voir!

MARGUERITE.

Ah! madame, vous l'aimez donc! il est donc vrai qu'il vous aime!

LA MARQUISE, avec espoir.

Il m'aime? lui? dis-tu? en es-tu sûre? il m'aime encore!

MARGUERITE.

Par pitié, madame! ne me parlez pas de ce malheureux amour.

LA MARQUISE.

Heureux plutôt! mille fois heureux... Si tu dis vrai, je suis sauvée... il sera muet, n'est-ce pas?

MARGUERITE.

Que voulez-vous dire?

LA MARQUISE, alarmée des paroles qui lui sont échappées.

Rien, Marguerite... je suis folle; je ne sais, mes idées se confondent... l'effroi, l'espérance... si j'étais là, s'il me voyait pâle, suppliante, mourante!.. oh! mon Dieu! viens, viens, le temps presse, il a parlé, peut-être...

MARGUERITE.

Ah! madame, si vous aimez maître Loubet, obtenez la grace de notre Louise.

LA MARQUISE.

Comment... comment veux-tu que je la sauve, moi!

MARGUERITE.

Sa vie est entre les mains de votre père.

LA MARQUISE.

Mais les preuves... les preuves qui l'accablent...

MARGUERITE.

Des mensonges et des calomnies.

LA MARQUISE.

On y croira, vois-tu! les preuves tuent... et quand il n'y en a pas... on est sauvé.

MARGUERITE.

Oh! Dieu punira les juges qui la condamneront.

LA MARQUISE.

Eh bien! Marguerite, il faut empêcher qu'on ne la condamne... viens.

MARGUERITE, au fond, regardant à droite.

Juste ciel! impossible!... une foule immense encombre les abords du palais... nous ne pourrons jamais pénétrer... Entendez-vous ces cris?

LA MARQUISE, allant à la porte de droite qui conduit au palais *.

Et cette porte... cette porte qui conduit au tribunal... fermée en dedans... mon Dieu!

MARGUERITE.

L'heure s'écoule... Seigneur, ayez pitié... sauvez-la.

* Marguerite, la marquise.

LA MARQUISE, à part.

Qui sait ce qui se passe là-bas, en ce moment! (Elle écoute avec anxiété les bruits de la place.) Rien, rien... il ne m'a pas dénoncée encore!.. personne n'accourt ici pour me traîner au supplice... Il plaide, sans doute... il la sauvera peut-être... il nous sauvera toutes deux !

MARGUERITE, poussant un cri.

Ah! tout est fini... la foule sort du palais...

LA MARQUISE, avec terreur.

On vient ici... que me veut-on?.. Marguerite!.. ne me quitte pas... ne me quitte pas!.. (Entre César Nolis par le fond.)

SCENE X.
MARGUERITE, LA MARQUISE, NOLIS.

NOLIS, voyant la marquise, veut se retirer.

Ah! madame la marquise, mille excuses.

LA MARQUISE, tremblante.

Restez, Nolis... Eh bien?

NOLIS, descendant la scène.

Des nouvelles?.. ah! madame la marquise, quelle affaire!

LA MARQUISE.

Que s'est-il donc passé?.. parlez.

NOLIS.

Des choses comme de mémoire de juge et de clerc de la basoche on n'en a vues et entendues dans un tribunal.

MARGUERITE.

Et Louise... Louise?

NOLIS.

Dès qu'elle a paru au banc des accusés, accompagnée de maître Loubet... tous deux pâles, blêmes comme la mort... Il s'est élevé un murmure de compassion dans l'auditoire... mais les huissiers ont crié : « Silence! silence! » et tout le monde s'est tu.

LA MARQUISE et MARGUERITE.

Alors?..

NOLIS.

Alors on a procédé à l'interrogatoire des témoins... en ma qualité de témoin oculaire, c'est moi qui ai comparu le premier.

MARGUERITE.

Malheureux!

LA MARQUISE, vivement.

Tais-toi, Marguerite... Ensuite?.. ensuite?..

NOLIS.

Ensuite quand j'ai eu fini ma déposition qui a duré près de vingt minutes, un hourra d'indignation s'est élevé contre la coupable.

MARGUERITE.

Tu as pu l'accuser!

LA MARQUISE.

Tais-toi, Marguerite... tais-toi!

NOLIS.

Ah ça! on est témoin, ou non... on sait ce que c'est qu'un témoin... viendrait-il vous accuser vous-même, madame la marquise, vous ne lui en voudriez pas.

LA MARQUISE, tressaillant.

M'accuser! moi!.. on m'a accusée!

NOLIS.

Je dis : « Viendrait-il... »

LA MARQUISE, rassurée.

Ah!.. mais le jugement... l'arrêt?..

NOLIS.

Après les témoins... la parole a été donnée à maître Loubet... Ah! quel plaidoyer, madame la marquise!.. quelle éloquence! quelle chaleur!.. dans sa péroraison, surtout!.. j'étais saisi, transporté, enlevé!..—Quand il a vu, le pauvre homme, que ses paroles ne pouvaient convaincre les juges, il a essayé de jeter des doutes dans leurs esprits... — « Eh! mes- » sieurs, s'est-il écrié : qui vous a dit que parmi les nombreuses maîtres-

» ses de Nestor de Brissac, ce héros de boudoirs, ce roué libertin, il ne
» s'est pas trouvé une grande et noble dame!.. (La marquise frémit et se re-
» cule peu à peu.) dont la jalousie a armé le bras contre une rivale préfé-
» rée?.. Peut-être, messieurs, cette prude débauchée, s'est-elle glissée,
» le soir, mystérieusement, dans ce pavillon, rendez-vous des secrètes
» amours du capitaine... Peut-être, y a-t-elle rencontré une rivale, dont
» l'indiscrétion pouvait perdre à jamais sa haute renommée de vertu et
» de piété... Peut-être cette fille reconnut-elle la grande dame... elle osa
» la menacer de faire savoir à toute la ville la scandaleuse rencontre
» de la belle Loubette la prostituée... et de la grande dame, honorée
» et vénérée de tous... alors, cette femme se voit perdue... sa tête s'é-
» gare... un couteau se trouve sous sa main... elle frappe... elle tue...
» elle tue ce dangereux secret qui menace plus que sa vie... qui me-
» nace sa réputation!! Oui, messieurs! voilà... voilà ce qui s'est passé
» dans le pavillon de Nestor de Brissac!»

LA MARQUISE, se rapprochant, avec anxiété.

Et, dites-moi, il a nommé... la grande dame?

NOLIS, haussant les épaules.

Eh non!.. c'était une ruse d'avocats!.. ces roués d'avocats!.. mais cela était beau!... mon Dieu! que cela était beau!

LA MARQUISE, à part.

Je respire!.. (Haut.) Et le jugement?..

NOLIS.

Il a pourtant poussé les choses plus loin encore pour rendre sa suppo-sition plus vraisemblable.—« Messieurs, a-t-il ajouté en terminant, et en
» s'adressant directement aux juges... si mes paroles étaient, non point
» un doute, une possibilité... mais une vérité terrible! si le secret de
» cette grande dame était connu de quelqu'un, qui n'attend... pour le ré-
» véler... ou pour le garder éternellement au fond de son cœur, que l'ar-
» rêt qui va sortir de vos bouches... si cette femme était la sœur, l'épouse,
» ou la fille de l'un de vous!..» Il s'est arrêté là... tous les juges avaient
pâli en l'écoutant... mais ils ont reconnu bientôt que tout cela n'était que
pour les effrayer... et...

LA MARQUISE et MARGUERITE.

Eh bien!.. Louise?..

NOLIS, avec désespoir.

Ils l'ont condamnée à mort. (Marguerite et la marquise poussent un cri terri-ble. La marquise tombe dans les bras de Marguerite. Nolis effrayé appelle.) Eh bien! elle se trouve mal!.. (Il parcourt la scène.) Au secours!.. la marquise se meurt!.. Quel effet ça produit sur les femmes!.. au secours! au secours!

SCÈNE XI.
LES MÊMES, LOUBET.

(Des domestiques accourent et entourent la marquise évanouie sur le fauteuil. A ce moment Loubet arrive, pâle, les cheveux en désordre. En voyant la marquise éva-nouie, il se précipite vers elle pour s'assurer qu'elle n'est pas morte.)

LOUBET, à Nolis, avec terreur.

Malheureux! malheureux! tu l'as tuée!.. elle est morte... (Il place sa main sur le cœur de la marquise et s'écrie :) Non, non... son cœur bat... il bat!..

MARGUERITE, à Loubet.

Notre enfant!.. qu'en as-tu fait?..

LOUBET, sans écouter Marguerite, aux domestiques qui soutiennent la marquise.

Sauvez-la, sauvez-la... une heure de vie! encore une heure, mon Dieu! une heure. (On emporte la marquise.—A Marguerite, en la saisissant vivement par le bras.) Marguerite, Marguerite... Tu aimes Louise... tu veux la sauver?

MARGUERITE.

Au prix de ma vie... du salut de mon ame!

LOUBET, dans la plus grande agitation.

Eh bien! viens... viens... suis-moi. (Il l'entraîne par le fond.)

SCÈNE XII.
NOLIS, puis DE FONBELLE, LES BASOCHIENS.

NOLIS, seul.

Qu'est-ce que tout cela veut dire?.. ah ça! je ne comprends plus rien!..

sauver Louise!.. est-ce qu'ils voudraient la faire évader?.. oh! tant mieux!.. la pauvre fille!..   (Les basochiens entrent *.)
DE FONTBELLE.
Eh bien! c'est ce soir le supplice de cette pauvre enfant?
NOLIS.
Ce soir, au coup de l'Angelus... pourvu toutefois...
DE FONTBELLE.
Quoi?
NOLIS, confidentiellement, les amenant sur le devant de la scène, à droite.
Oh! cette fois, je ne dis rien... vous verrez... il se trame quelque chose!..

SCÈNE XIII.
Les Mêmes, LOUBET, MARGUERITE.

(Loubet rentre avec Marguerite, il l'accompagne jusqu'a la porte des appartemens de la marquise, à gauche, et lui remet une fiole.)
LOUBET, à demi-voix.
Tu as bien compris?
MARGUERITE.
Oh!.. que Dieu nous pardonne!
(Elle entre dans l'appartement de la marquise.)

SCÈNE XIV.
LOUBET, NOLIS, DE FONTBELLE, Basochiens.

LOUBET, apercevant Nolis et les clercs.
C'est vous, César Nolis?
NOLIS, ému.
Vous m'en voulez, maître Loubet... je suis un grand misérable!
LOUBET.
Si tu veux réparer le crime que tu as commis, Nolis... fais ce que je vais te dire.
NOLIS.
Oh! tout ce que vous voudrez.
LOUBET, montrant la porte de droite.
Te cacher avec tes amis dans ce couloir.
NOLIS.
Et puis?..
LOUBET.
Y rester jusqu'à ce que je vous appelle... alors vous écouterez.
NOLIS, ébahi.
Ecouter... quoi?
LOUBET, le faisant entrer.
Vous le saurez.
NOLIS, satisfait, aux clercs.
Vous le saurez.   (Il se cache avec les basochiens dans le couloir.)

SCÈNE XV.
LOUBET, puis LE PRÉSIDENT.

LOUBET, seul.
C'était le seul moyen.
LE PRÉSIDENT, entrant par le fond.
Ma fille! ma fille se meurt... où est-elle?..
LOUBET.
Monsieur le président!
LE PRÉSIDENT.
Ah! vous ici? maître Loubet... que voulez-vous?
LOUBET.
Réparer un jugement inique... sauver une tête innocente que vous venez de condamner.

* De Fontbelle, Nolis, basochiens.

LE PRÉSIDENT.
La justice a prononcé... et personne ne peut...
LOUBET.
Personne! excepté Dieu... et la coupable!..
LE PRÉSIDENT.
La douleur vous égare... c'est Dieu lui-même qui parle par la bouche des juges... Priez-le pour votre malheureuse parente.
LOUBET, avec éclat.
Priez-le pour votre fille, monsieur le premier président!
LE PRÉSIDENT, frappé de stupeur.
Pour ma fille!
LOUBET.
Pour la grande dame, maîtresse de Nestor de Brissac... pour l'assassin de la belle Loubette!..
LE PRÉSIDENT, hors de lui.
Oh! cet homme est fou... il ment!.. vous mentez! (Avec fureur.) Loubet!.. il faut prouver ce que tu viens de dire... ou mourir comme un lâche... comme un blasphêmateur... Les preuves?
LOUBET, le poussant vers l'oratoire, à gauche.
Retirez-vous là... et tout à l'heure... le juge va entendre... et juger.
LE PRÉSIDENT.
Tu ne m'échapperas pas, Loubet.   (Il entre dans l'oratoire.)
LOUBET, voyant venir la marquise.
La voici!

SCENE XVI.
LOUBET, LA MARQUISE.
(La marquise est mourante, elle se soutient à peine.)
LOUBET.
Il n'y a plus de retard possible, madame, il faut parler.
LA MARQUISE, d'une voix éteinte
Grace! grace!
LOUBET, froidement.
Louise est condamnée.
LA MARQUISE.
Encore un jour... un jour!
LOUBET.
Louise n'a pas une heure.
LA MARQUISE.
Je ne puis.
LOUBET.
Le bourreau dresse l'échafaud. (Avec autorité.) Vous parlerez!
LA MARQUISE, avec une énergie soudaine.
Qui pourra m'y contraindre? qui pourra m'arracher malgré moi cet aveu fatal?
LOUBET.
La mort!.. ne la sentez-vous pas venir?
LA MARQUISE, faisant un effort pour se ranimer.
Oh! non, non... il y a encore de la vie en moi! je suis forte, encore!.. voyez, mon cœur bat, ma voix parle. Je n'avouerai pas!
LOUBET.
Même à votre dernier moment? vous me l'aviez promis.
LA MARQUISE.
A mon dernier moment, à mon dernier souffle, oui.
LOUBET.
Hâtez-vous donc! car vous allez mourir!
LA MARQUISE.
Mourir!
LOUBET.
Vous êtes empoisonnée!
LA MARQUISE.
Oh! (Moment de silence.) Tout à l'heure... cette femme... ce breuvage...
LOUBET.
Etait empoisonné!

LA MARQUISE.

Oui, je sens que mes forces m'abandonnent... dans mes veines, un froid de glace... je vais mourir! (Une pause. Elle reprend plus calme en tendant la main à Loubet.) Je vous pardonne... il le fallait... je n'avais pas le courage, moi! c'était juste! je vous pardonne! (Avec terreur.) Mais croyez-vous que Dieu me fasse miséricorde?

LOUBET.

Oui, si vous sauvez Louise, en confessant devant tous, votre crime.

LA MARQUISE, luttant encore.

Mais mon nom, ma mémoire, livrés à l'infamie.

LOUBET, montrant le ciel.

Mais votre ame, que Dieu attend là-haut!

LA MARQUISE.

Eh bien! oui! Loubet.... appelez... appelez... des témoins... du monde... hâtez-vous... hâtez-vous... je me meurs!

(Elle se traîne vers la droite et tombe mourante près du fauteuil.)

SCÈNE XVII.

LE PRÉSIDENT, sortant de l'oratoire, LOUISE, amenée par les gardes, au fond; MARGUERITE, sortant des appartemens de gauche; LOUBET, LA MARQUISE, NOLIS et les BASOCHIENS entrant par la droite; HOMMES D'ARMES, PEUPLE.

LOUBET, d'un ton solennel.

Ecoutez tous la confession de madame la marquise de Pontarlier.

LE PRÉSIDENT, à la marquise.

Malheureuse! *

LOUBET, avec autorité.

Silence! monsieur le premier président!

LA MARQUISE, adressant un regard suppliant à son père.

Mon père! je meurs... Louise Loubet est innocente... l'assassin de Catherine Loubet... c'est moi... c'est moi... Mon Dieu! pardon!..

(Elle tombe.)

TOUS.

Oh! (Louise se jette dans les bras de Loubet.)

LOUBET.

Sauvée! (Marguerite prend Louise dans ses bras.)

LE PRÉSIDENT, regardant sa fille inanimée.

Morte!

LOUBET, bas au président, en montrant la marquise.

Morte pour tous! vivante encore pour vous... elle n'est qu'endormie d'un sommeil qui ressemble à la mort! Elle se réveillera...

LE PRÉSIDENT, à demi-voix.

Elle se réveillera dans un cloître... asile de la pénitence et du repentir!

(Nolis tombe aux genoux de Loubet, lui saisit la main qu'il baise en fesant entendre un sanglot de regret. — La toile tombe.

* Marguerite, Louise, Loubet, le président, la marquise, au fond Nolis, etc.

FIN.

NOTA. Le rôle de Loubet quoique créé avec succès, à Paris, par M. Dubourjal, appartient *exclusivement* à l'emploi de premiers rôles de drame.

Imp. J.-R. Mevrel, pass. du Caire 54.

www.ingramcontent.com/pod-product-compliance
Lightning Source LLC
Chambersburg PA
CBHW060502050426
42451CB00009B/775